AI時代の「自律性」

未来の礎となる概念を再構築する

河島茂生［編著］

勁草書房

ＡＩ時代の「自律性」——未来の礎となる概念を再構築する

目　次

目次

第Ⅱ部　情報技術と心の自律性

序章　なぜ、いま自律性を問わなければならないか

河島茂生

一　はじめに

未来を作るには、どうすればよいだろう。想像力、創造力が必要だ。人を巻き込むコミュニケーション力や実践力、そうした力も求められる。しかしその前に、なによりもまず基礎を打ち固めなければならない。基礎がなければ、社会がぐらつく。その基礎の中核に「自律性」(autonomy) がある。

自律性について考えてみたことがあるだろうか。ほとんどの人は、その言葉を耳にしたことがあるにせよ、深く考えてみたことがないかもしれない。それほど重要性を感じないのかもしれない。重要なのはＡＩ (artificial intelligence) によって「仕事がなくなるのか」「国の経済力が維持されるのか」「便利になるのか」であって、自律性といった小難しいことはなにに役立つかわからない。時間をかけて議論する必要はない。重要なことではない。このように思っている人もいるだろう。

自律性という言葉は抽象的で難しい。漠然としたイメージはすぐ思い浮かぶけれども、考えれば考えるほど、よくわからなくなる概念である。しかし、本書を読んでもらえればわかるように、これからの社会の大きな方向性を左右する、重要な概念である。

ＡＩ、ロボット、ＩｏＴ (internet of things) などのコンピュータ技術が普及した現在、従来にもまして自律

性という語がさまざまな場面で使われるようになってきている。(1) 高度なコンピュータ技術の特性を表す語としても自律という言葉が使われているからだ。しかし、そのさまざまな意味合いや使われ方は十分に検討されないままにあり、曖昧なまま混乱した状態にあるといってよい。

たとえば、総務省情報通信政策研究所が主催するＡＩネットワーク社会推進会議の報告書（2017, 2018）をみると、「自律性を有するＡＩ」という言葉と「個人の自律」という言葉が並んで使われている。このＡＩの自律性と個人の自律性は同列に論じるべきなのだろうか。あるいは両者には大きな差があるのだろうか。もし両者に違いがないなら、ビッグデータ型ＡＩ時代にあって「人間の尊厳と個人の自律を尊重する」ことはできるのだろうか。

ＡＩネットワーク社会推進会議の報告書のほか、いろいろなところで人間のためのＡＩが唱えられている。たとえば、内閣府は「人間中心のＡＩ社会原則検討会議」を主催している。また、アメリカの非営利組織ＦＬＩ（Future of Life Institute）が作ったアシロマ原則には、「ＡＩシステムは、人間の尊厳、権利、自由、そして文化的多様性に適合するように設計され、運用されるべきである」という原則が入っている（Future of Life Institute, 2017）。人間の尊厳をもたらすものが自律性にあるとするなら、それはどのようなものか、ＡＩのような機械がもっているものなのか、真剣に考えなければならない。

本書のねらいは、自律性概念を整理し体系づけることで、そうした混乱した状態を解消し、ＡＩ時代の人々の対話の基盤づくりに資することである。自律性とはいったいなんだろうか。人間は自律的なのだろうか、それとも他律的なのだろうか。機械は果たして自律性をもつのか。そうだとしたら、その場合の自律性とはいったいいかなる意味か。本書は、そうしたテーマに正面から取り組む。

端的にいえば、生物がその内部でもっている自律性は、「ラディカル・オートノミー」（radical autonomy）とでもいうべき生物学的自律性である。生物は自分で自分を作る。その自己制作する閉鎖したプロセスのなかで内部にメカニズムの起点を置くラディカルなオートノミーが形成される。生物は、自分で自分を作りながら内部と外部を形成し、その内側のメカニズムから環境を認知していく。環境が完全に生物の動きを決定するわけではない。そのように見える場面があるとしたら、環境に対してそのように対応するように生物の内部のメカニズムが形成されているからである。生物は根本的かつ徹底的な自律性を有している。このラディカルなオートノミーは、後に述べるように内部のメカニズムが閉鎖しているか否かによるため、「あり／なし」の2値しかない。近代的個人の自律性はその生物学的自律性を基盤として存立しており、ラディカル・オートノミーの一種と位置づけられる。一方、機械の自律性は、生物が無限定の環境下で適応しながら活動していることを参照しながらエンジニアが作っているものであり、近年、自律性の度合いが高まっている。生物のもつラディカル・オートノミーの段階には達しておらず、「あり／なし」ではなく程度の問題である。ラディカル・オートノミーと機械の自律性の間には壁がある。その壁を超えるには、機械が自己制作しなければならず、大きな跳躍が必要である（図序-1）。

二　さまざまな自律性

二・一　近代的個人の自律性

自律という語は、もともとギリシアやローマで「自己統治」（自己auto＋規範・統御nomos）の意味で使われ、

（1）本書でいうＡＩは、機械学習を含む最先端のコンピュータ・ソフトウェアで、コンピュータ・システムの構成要素を指す。人間の知能を圧倒的な差で凌駕する人工超知能（artificial superintelligence）は除く。

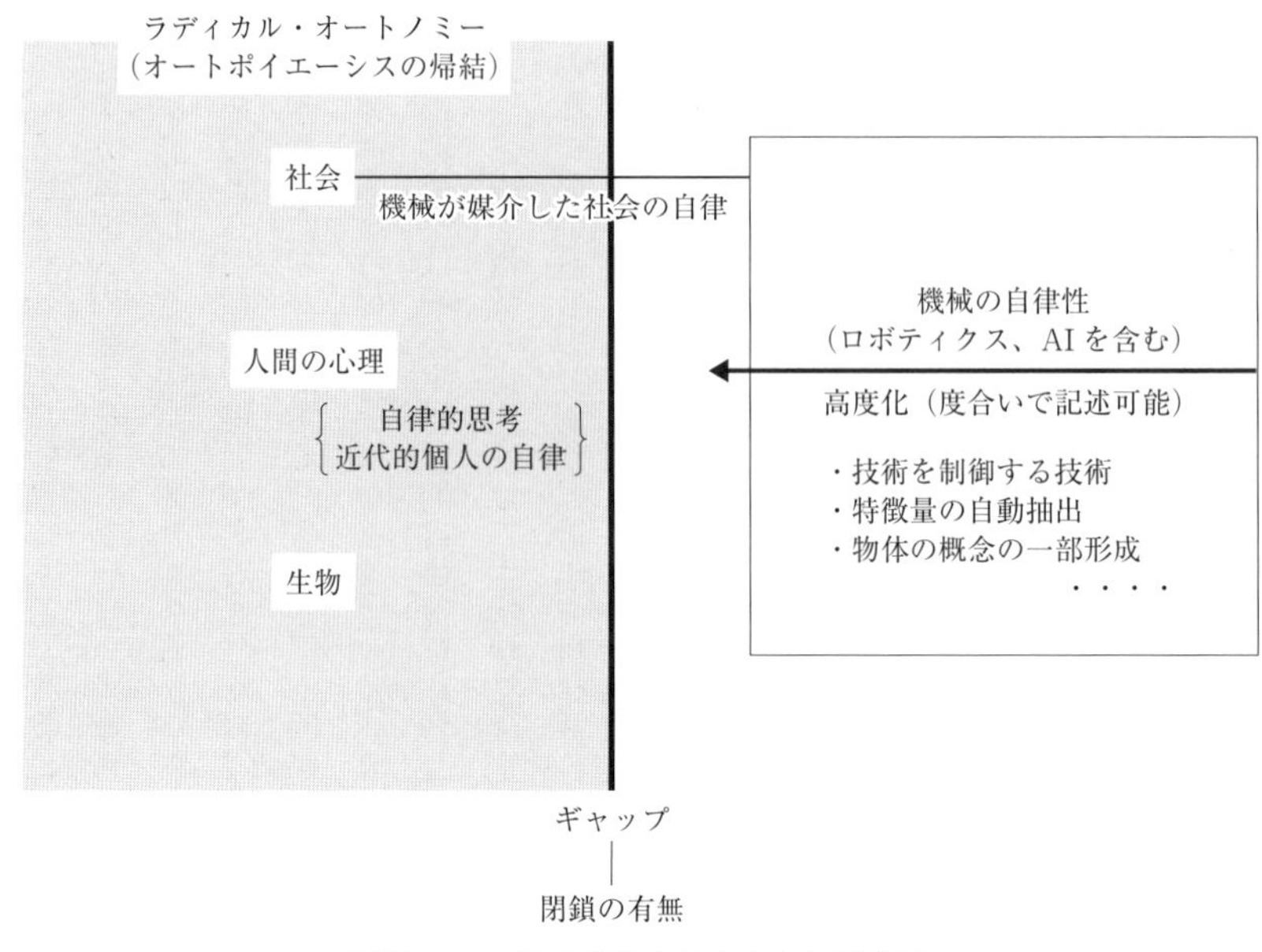

図序-1　本書で依拠する大まかな概念図

政治的な自治を指し示す言葉であった。また、一六世紀の宗教改革のころは信教の自由を体現する言葉であった。個人の尊厳を根拠づける意味で使われはじめたのは近代以降である。それはイマヌエル・カントの道徳に関する哲学によるところが大きい。カントは、理性の働きによってみずから道徳律を定める自律性が人間に本来備わっていると述べ、人間の有する尊厳の哲学的基盤を築き上げた。すでにルネ・デカルトは「我思う、ゆえに我あり」と述べ、人間の理性を基点として物事を考えることを提案しており、ブレーズ・パスカルは、人間は「考える葦」であって思考することがわれわれの尊厳につながることを述べていた。カントはそうした立論を深めている。カントは、理性によってみずからが考えた道徳法則に沿った生き方を行うことを自律と呼んだ。カントは、この理性による自律性の特徴を浮かび上がらせるために対義語として他律（heteronomy）という語を造った。この場合の他律とは、理性ではなく生得的欲求や他者の指示、自然法則に従うことを指している。もちろん、偉い人から言われたからそれに従った行動をとることは他律である。しかし、それだけでなく自分の内にある感情や欲望のまま行為することも他律と位置づけた。理性による行動ではないからである。したがってカントのいう自律性は、かなり範囲が限定された、厳しい条件をクリアしたものである。このように自律性の語の意味は、政治的な自治から人間の理性に関係したものへ、時代とともに変わってきている。いまは、また自律の語の意味が変わる時期なのかもしれない。

いうまでもなく自律性に関することは、たとえその言葉が明示的に使われなくとも日常生活でしばしば話題に上っている。就職する会社や通う学校などを自由に選べるような感覚を抱く一方で、逆に他の人からの指示によって望む選択ができなかった場合には自由が失われたと感じる。前者は自律性があり、後者は自律性が奪われていると見なすことができるだろう。後者の場合は、不満に感じストレスを覚えることが多い。このような場合の自律性は、人間の尊厳を輪郭づける「自由意志」(free will) であり、他から束縛されずにみずからの意思で決定することを指している。

よく知られているとおり自由意志の尊重は、近代社会の選択プロセスのなかで大きな柱になってきた。居住地や学校、職業、婚姻、商品の選択にあたって個人の意志が尊重されるのはその最たる例である。何を選択するべきかを自分で思案し、自分で決断し、その結果も自分で引き受ける。近代社会では、結婚するかどうか、結婚するとしたらどの相手と結婚するかどうか、基本的には個人の意志に委ねられる。強制的に自分が知らない相手と結婚させられることもない。しかし、よく知られているように近代より前はそうではなく、家同士が決めた相手と結婚することが多かった。近代社会になって個人の意志が重んじられるようになった。

またマイケル・マーモットなどのホワイトホール研究が示したことは、自分の自己決定権が高いと考えている人のほうが健康状態が良好であるということだった。職階が上の人は、下の人に比べて死亡リスクが低く、それには自分の裁量で決められる範囲がかかわっていた。自分の裁量で物事を決めている感覚がある人は、たとえそれが勝手な思い込みであっても死亡率が低い。逆に窓際族は、窓際で外の風景をぼんやりとみつめていて気楽そうにみえるけれども、本人が強制されていると感じているかぎり、精神的には望ましい状態ではなく健康を害しやすいのである。幸福感と自己決定との強い関連性も指摘されている（西村・八木、2018）。健康や人間関係に次いで自分で進学先や就職先を決めている度合いが幸福感には強く関わっている。自分で人生の大きな選択をしている人は幸福度が高い。年収や所得よりも、自己決定が幸福感には重要なのである。第六章「組織構成員の自律的思考とＡＩをめぐる実証的分析」で触れるとおり、主に二〇世紀初頭に工場経営に活用された科学的管理法の限界も、ここにあった。科学的管理法によって、工場の労働者の動作が標準化され、時間管理も徹底された。その結果、生産性は劇的に向上した。しかし、従業員は機械のように扱われ不満が生まれることになった。われわれ人間にとっては、自由意志を発揮し自分でいろいろなことを決めているという感覚を抱くことが権利意識を守り健康や幸福感を増進させるうえでとても重要である。

けれども、自由意志の尊重は決してよいことばかりではない。ときには残酷な心理的負担を強いる。新生児の重い障害を知った親は、その子の命を絶つか継続させるかの選択に直面する。シーナ・アイエンガーによれば、アメリカでは親がみずからで選びたがる傾向が如実に見て取れる（Iyengar, 2010＝2010）。しかし親が自分で子どもの死の決断を行った場合、その親は後になって罪悪感や迷い、恨みを執拗に感じることになった。逆にフランスでは親が特段の申し立てを行わないかぎり医師が延命治療の中止の決断を下すが、その場合は親はそれほど苦悩していなかった。すなわち、自由意志の尊重がかえって人を苦しめることがある。ほかの人に決めてもらい、あえて他律になることで精神的負荷を下げられる。これは、そのほかの場面でも見られる。学校や職業などは膨大な選択肢があり、最終的にはどれを選ぶかを自分で決断しなければならない。たとえ希望するものが得られなくとも、自分の能力次第でそれを得られるイメージが作り出されている。個人は、さまざまな選択肢を比較検討し、自分の人生を歩む。その失敗は、生活保護受給者への非難にみられるように、しばしば個人に課せられる。勉強したくても病弱で思うようにいかなかったり、家の都合で高等教育を受けられなかったりしても、個人に責任があるかのように述べられることが少なくない。差別やいじめ、暴力により、人生に大きなダメージがあったとしても、自己責任のようにいわれてしまうことがある。これはきわめて過酷なことである（河島・竹之内、2015）。いっそ人間は外的なものに規定されている他律的な存在であるといわれたほうが楽になるケースは少なくない。

加えて、自由意志それ自体にも疑問が再三投げかけられている。古くは、一九世紀末から二〇世紀はじめごろにかけて精神分析の創始者ジークムント・フロイトが心は無意識からも成り立っており、それが根底に横たわっていることを述べていた。自由な意志は、世界の隅々までを見通す宇宙の基点ではない。また、一九六〇年代以降に隆盛を誇ったポストモダニズムの思想の根幹には理性的人間の死があった。一九六〇年代に哲学者ミシェル・フーコーは「人間は波打ちぎわの砂の表情のように消滅するであろう」と述べ、人間の消滅を予言したことはあまりにも有名である。この人間の消滅とは、いうまでもなく生物学的な人間の死ではなく、西洋の知の歴史のなかで近代になって現れてきた理性的人間なるものが終わりを迎えることを指している。

私たちは、「自分で自分のことを決めている」と思っていたとしても、意外にも他の人によって設計されているとおりに街を歩き、買い物をしているだけかもしれない。商品の陳列方法を変えるだけで売上が変わる。臓器提供や年金制度加入をデフォルトにするだけで、つまり最初の設定を変えるだけで、臓器提供や年金制度への加入が促進される。もし拒否するなら余分な手間がかかるようにするだけで、臓器提供の意思表示をする人や年金に加入する人の比率が劇的に上がるのだ。われわれは、自分で動いているつもりでも実際には操られている。行動経済学や神経科学、心理学などの知見により、個人の尊厳の基盤となる個人の自律性（近代的自我）はいま問い直されつつある。神経生理学者ベンジャミン・リベットらの実験は、よく参照される。指を動かそうと決意する前に脳には準備電位が既に発生している。脳のプロセスが先でその後に遅れて意識が生じる。そうであるならば、自分の意志よりも脳の動きのほうが行動を決めているのではないだろうか。また、神経学者マイケル・ガザニガらの研究によれば、意識はたとえでっち上げであっても自分なりのストーリーを作り出し首尾一貫性をもたらしている。当人にとっては嘘が嘘であることすら気づかない。意識は、自分の行動に説明がつくように作り話を組み立て、それがこじつけであることにすら気づかない。このように意識が特権的な位置にいて正しく判断を下しているといった見方には批判が相次いでいる。いわば自己決定の虚構性の知見が積み重ねられているのである。幻想であるにもかかわらず、「自分で自分のことを決めている」という自己決定の意味での個人の自律性を強調しすぎると、安易な自己責任論に結びつき、ひいては社会の結びつきを弱めることにもなりかねない。

近代的個人を支えた理性・精神の自律性はゆらいでいる。

二・二　機械の自律性

では、機械のほうはどうだろうか。

人間の柔軟な発想力とたゆまぬ努力により、道具は、次第に複雑になり自動化されてきた。斧やナイフは、人間の力が動力源になり木を切ったり相手に攻撃したりすることに使われる。直接的に人間の動きが道具の動きとなる。時代が経ち、やがて道具を制御する道具が作られた。たとえばモーターという道具は刃やドライバー、車輪といった道具を回転させる。直接的に人間の力が加えられるのではなく、人間が操作した道具を介して別の道具を動かすようになっていった。自動化が進んだといってよい。自動化は、コンピュータ技術においても随所に見られる。コンピュータを立ち上げると、自動で無線ＬＡＮに接続しようとする。更新プログラムも自動でダウンロードされる。コンピュータ・プログラムが知らぬ間に他のコンピュータを攻撃していたり、セキュリティのソフトウェアが知らぬ間に攻撃を防いでいたりする。ＧＰＳをＯＮにしていると、その場その場に応じて天気や紹介される店舗が変わってくる。サーチエンジンのウェブクローラーは、ウェブ空間を自動で巡回しながらたどり着いた先のウェブページのデータをコピーする。クラウド・コンピューティングにより、自動でデータが転送される。技術が技術を制御する仕組みが連鎖している。

このように自動化が高度になるにつれて、人間の自律性とは別に、機械の自律性が話題に上り盛んに論じられることが多くなってきた。ＡＩやロボットでも同様である。第三次ブームを迎えたＡＩは、機械学習によって学習データを読み込み自動的に内部で特徴量（素性）を形成し、学習したとおりに新しい対象を分類する。その特色を自律性という言葉で表現する場合も多い。自律エージェントや自律分散システム、自律型兵器といった語もすでに使われている。自動運転車は、自律走行車とも呼ばれ、英語で「autonomous car」と表記されることが多い。電気・電子分野の規格の標準化などを行っている団体IEEEは、いわゆるＡＩの設計ガイドラインである「倫理的に調和したデザイン（Ethically Aligned Design）」を公開し、いろいろな国の人々を巻き込みながら議論を重ねているが、そこではＡＩは「自律的かつ知的なシステム（Autonomous and Intelligent Systems）」と表現され、自律性に力点が置かれた名称となっている（IEEE, 2019）。

第三章「ロボットの自律性概念」で述べるとおり、以前よりロボティクスでは自律性を念頭に置きながら開発が進められている。ロボットは、その場の環境に合わせて持続的に適応して活動することが求められるからである。欧州委員会のロボロー（RoboLaw）・プロジェクトは、ロボティクスと法律との関係を検討したプロジェクトであるが、そのプロジェクトの成果である「ロボティクス規制のガイドライン（Guidelines on Regulating Ro-

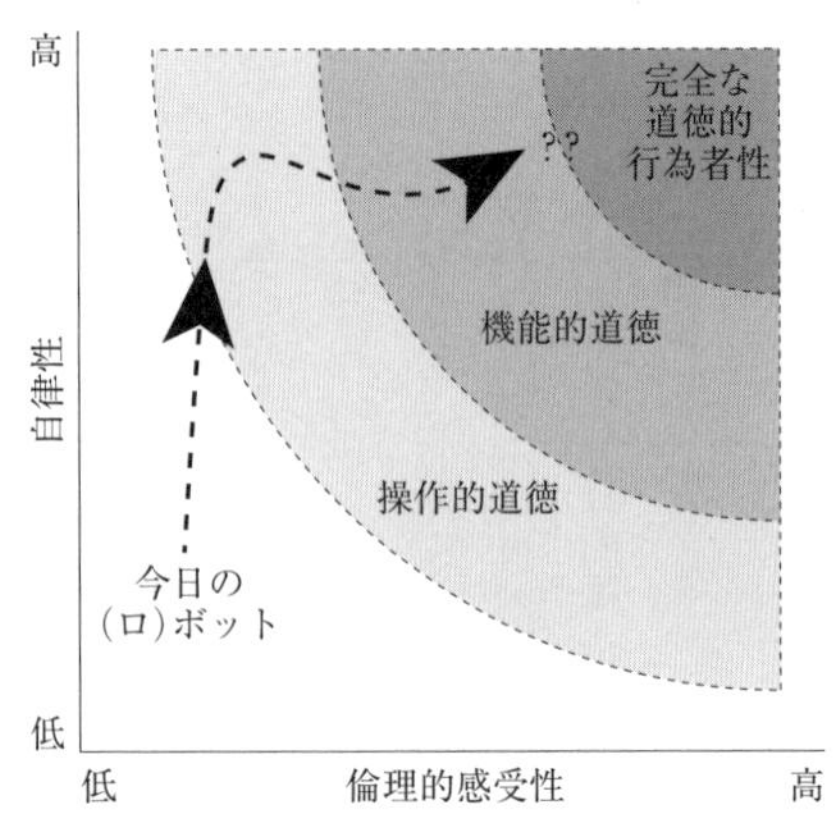

図序-2　AMA 開発の 2 つの次元（Wallach & Allen, 2009: 26＝2019: 33）

botics）」（2014）では「人間の行動を担うことができる自律的マシン」としてロボットを定義づけ、ロボットは物理的ボディをもち自律的で人間に似ているものと位置づけた。ここでいう自律性とは、人間の介入なしに自力で行動することが可能な能力のことである。さらにこの文書では、ロボットの分類も提案されており、その基準となる5特徴の1特徴として自律性を挙げ、実験室の外の環境で人間が関わらずにタスクを実行できるレベルにより、完全自律（full autonomy）／半自律（semi-autonomy）／遠隔操作（tele-operation）に分類できるとしている。たとえば、グーグル・カーは自律の枠に入り、外科手術ロボットのda Vinciは遠隔操作に分類される。このロボロー・プロジェクトの考え方は特殊なものではなく、生活支援ロボットの安全性に関する国際規格であるISO13482などでも自律性に言及するかたちでロボットが定義づけられており、自律性はロボットを論じるなかで大きな一要素になっている。

また、汎用ＡＩ――特定の課題に特化したＡＩではなく、さまざまな状況に合わせて多様な課題を解く適用範囲の広いＡＩ――の開発をめぐっても「自律性の付与が鍵」（栗原ほか、2017）とされている。(2) 加えて、いかにしてＡＩに倫理的な側面を実装して道徳的な振る舞いをするAMAs（artificial moral agents）を設計するかを考えるマシン・エシックス（machine ethics）の領域でも、自律性が尺度として設定されている（図序-2）。技術的人工物を道徳的行為者に含める立論を展開しているルチアーノ・フロリディやジェフ・サンダースも、行為者（agent）となる一条件として自律性——外部との相互作用なしでも内部状態を変化させられること——を挙げた（Floridi & Sanders, 2004）。道徳的行為者とは、道徳的観点からその行為が評価される者のことである。ジョン・サリンズも、ロボットが道徳的行為者となる条件として意図や責任のほかに自律性——機械が外部からの直接的なコントロールなしに動くこと——を挙げている（Sullins, 2006）。機械の自律性をどのように捉えていったらよいのか。機械の自律性はどこまでいくのか。つまり工学的に自動プログラミングがどこまでいくのか、構成論的アプローチによるロボット内部の概念形成はどこまでいくのかも検討する必要がある。

そして、ペッパーやアイボのようなソーシャル・ロボットもそれに接すると生きているかのような感覚——擬生命化（擬人化含む）——を抱くことがある。心理実験により、機械内部の仕組みにそれほど注意を向けない一般の人々だけでなく機械内部の設計に気を配るコンピュータ技術者も、しばしば機械に礼儀正しく振る舞うことが知られている（Reeves & Nass, 1998＝2001）。次の実験が有名だ。まずコンピュータが一通りの豆知識を被験者に提示し、その後で被験者が豆知識の印象をアンケート方式で回答するのだが、この回答を行う端末を2通りに

（2）汎用性と関わる「適用度」は、さまざまな事象のデータに対応可能な度合いを指すが、自律性とは別の概念である。というのも、たとえばダニは、ヤーコプ・フォン・ユクスキュルによれば酪酸の匂い・温度感覚・毛の多寡といったごく少数の知覚標識をもとに環境を捉えているが、その様子は人間の目からすればひどく単純にみえる。けれどもダニにとっては十分な世界なのである。「動物主体は、もっとも簡単なものも、非常に複雑なものも、同じ完全さでその環境世界に適用している」（Uexküll & Kriszat, 1970＝1973: 20）。すなわち、適用度は、人間の適用範囲からみてその度合いが図られるけれども、その度合いがたとえ低くとも生物学的自律性は存在するといえる。

分けた。豆知識を教えたコンピュータと同じ端末で豆知識の印象を聞く場合と、別の端末で印象を聞く場合である。その結果は驚くべきものであった。被験者は、同じ端末で評価した場合のほうが、別の端末で評価に比べて肯定的な回答を行っている。すなわち、我々が人間相手に示しているのと同様、豆知識を教えたコンピュータに対しては礼儀正しく接した。この傾向は、コンピュータ技術に長けた者であっても同じであった。

著名な哲学者ダニエル・デネットの区分でいえば、これは、AIやロボットに対して「物理的な構え」（physical stance）や「設計的な構え」（design stance）ではなく、「志向的な構え」（intentional stance）をとるということである。デネットは、事物の予測に関する姿勢を「物理的な構え」「設計的な構え」「志向的な構え」に3分類した（Dennett, 1996＝1997）。物理的な構えとは、物理法則と物理的構造に着目する手法で、放り投げた石が描く放物線、水の沸騰の説明などに適用される。石が落ちるのは重力の法則があるからと考える見方である。設計的な構えは、設計された構造があり設計された通りに機能するだろうと想定する手法で、目覚まし時計などに活用される。朝六時に目覚まし時計が鳴るのは、指定した時間に時計が鳴るように予め設計されているからでありその時刻が朝六時と指定されたからである。志向的な構えとは、「対象の行為を理解するためにそれを主体として捉える」（Dennett, 1996＝1997: 69）ことであり、その対象が信念や欲求をもつと考える姿勢である。この志向的な構えを目覚まし時計に適用すると、朝六時に目覚まし時計が鳴るのは、目覚まし時計がその時間に人を起こそうと思っているからであり、親切心や義務感からそうしているということになる。この志向的構えは擬人化にも深く関係している。設計的な構えをとっていても、ときに我々は無意識的に志向的な構えをとり、機械の振る舞いに意図を感じてしまう。

AI時代にあっては、たとえフィクションであっても社会制度上で機械に自律性を認めることが望ましいのかも考えなければならない（河島、2016）。周知のように、欧州議会が「電子的人間」（electronic person）の議論をはじめている。「もっとも高度な自律性を備えたロボットは、特定の権利や義務、与えた損害を償う電子的人間の地位をもつように制度設計することがありえる」(European Parliament Committee on Legal Affairs, 2016: 12)という[3]。その議論はどこまでの妥当性を有しているのか。日本でも、電子的人間というものを考える必要はあるのか。あるいは、ロボットに財産権を超えた保護を与える必要性はあるのか。ＡＩやロボットはどのような意味で自律性を見出だせる存在であるのか、それとも言語的表現としては「自動」がふさわしく自律という語を使うのは本質を覆い隠す・見誤らせることなのか。そうしたことも検討していかなければならない。

筆者らは、ＡＩ（ＡＩを備えたロボットを含む）のリストを挙げ、愛着を感じたものはあるか否かを聞いた[4]（表序-1）。モノへの愛着もあるため擬人化そのものの質問ではないけれども、機械に愛着を抱いている人が三割ほどいることが見て取れる。愛着のない人が約七割いるが、人型ロボットや掃除ロボット、ペット型ロボット、会話型ＡＩでほぼ変わらずおよそ三割の人がそれらに愛着をもっているのだ。電子的人間肯定派にとっては、やや嬉しい数字かもしれない。というのも、そういった人々は、技術が高度化すれば、この数字はきっと上がるとい

(3) 欧州議会における電子人間の提言に対する批判的検討としては、河島茂生（2019）「ＡＩネットワーク状況下における集合的責任」社会情報学八巻一号、一-一四頁がある。

(4) 筆者と河井大介との共同調査であり、中央調査社のマスターサンプルに対する郵送調査（督促はがき一回）を行った。このマスターサンプルは電子住宅地図を利用した層化三段無作為抽出法に基づいて依頼を受けた個人が登録されているものであり、調査会社が保有する調査パネルのなかでも偏りが小さく、代表性が高いと考えられる。調査対象は、マスターサンプルのうち日本全国に居住する者で、二〇歳以上五九歳以下の男女である。調査対象者は性別と年齢層（一〇歳刻み）で母集団比例の割付を行った上で、予測回収率をもとに重みづけを行い、地域（七地域）と都市規模（三段階）で層化無作為抽出された一三〇〇人で、回答者は六二三人であった。発送・返送期間は、二〇一九年一月〜同年二月である。

表序-1　AI（AIを備えたロボットを含む）への愛着

		愛着	
		あり	なし
1)	人型ロボット（Pepper（ペッパー）など）	29.1%	70.3%
2)	掃除ロボット（ルンバなど）	27.3%	71.9%
3)	ペット型ロボット（aibo（アイボ）など）	30.8%	68.5%
4)	会話型 AI（Siri（シリ）、りんな、Alexa（アレクサ）など）	26.6%	72.7%

（総数＝623人、無回答＝4人（0.6%））

うに違いないからだ。

ただし、もし本当の人間であるかのようにロボットを扱うのであれば、OSやアプリケーションのインストールにあたっては、ロボット自身に許可をとらなければならなくなってしまう。あるいは、勝手にデータを読み込ませることも倫理的に認められない行為になるだろう。それは、個人の内面を無断で操作する行為であり、不可侵な領域の侵犯に当たると見なされてもおかしくはない。現在のところ、ロボットが人間のような自律性を備えていないからこそ、無許可でこうした行為をしても倫理的問題に問われないのである。

二・三　自律性の体系化の必要性

これまで長々と見てきたように現代社会では、人間の尊厳の基盤とされる自律性のゆらぎと同時に機械の自律性の高度化が並行して起きている。高度に発達しつつあるコンピュータ技術に対する認識の違いは、将来的に看過できない問題となる可能性がある。楽観的に捉えている人もいるが、不安を抱いている人も決して少なくない。これはコンピュータ技術に対する認識枠組み（フレーミング）の違いを示唆しているが、その核心に潜んでいるのが人間や機械の自律性をどう捉えるかという問題である。

真剣に考えられないまま、人間の本質をなす自律性と機械の自律性を同じに考えると、たとえば「人間が機械のように働かされる」「病気になった人間が故障した機械のように捨てられる」といったように、さまざまな面で深刻な社会的問題を引き起こす懸念さえある。あるいは、人間の自律性がゆらいでいるからといって、もしくは強調しすぎると自己責任論につながるからといって、個人の尊厳と強く結びついた自律性の概念を放棄してもよいのだろうか。個人の自律性の放棄は、個人の選択の自由の放棄とイコールで考えてよいのだろうか。ホワイトホール研究にあったように、人は自分に決定の裁量権がないと感じると、その健康状態が悪化してしまうおそれすらある。さらに現代社会の制度は、個人の自己決定が幻想であっても、個人には自律性があるという前提で構築されている。病気の治療方法、宗教への入信、結婚の有無、居住場所、会社との契約、言論などは、個人の自己決定が最大限尊重される。そうであれば、個人の自己決定とは別の意味で自律性概念を構築したほうがよいのではないだろうか。自律性は権利や責任、倫理的配慮を考える際の基礎概念であるため、自律性概念をなおざりにしては、今後の社会制度の大きな方向性が見えてこない。先に述べたように近代以降の人類は、ほかの生物や物体との違いを精神の自律性に見出だしてきた。したがって、いま、もし機械にも自律性があるとしたら、人間とは何かという本質的な問いが生じざるをえない。

現在は、いろいろな自律性が整理・体系化されないまま混在し、社会的課題設定が妨げられている状態である。このままでは多様な人々の間の対話が誤解のまま進み、社会的な意思決定が適切に行われない事態を招きかねないのではないだろうか。本書では、これからのデジタル社会の根幹をなす自律性という概念を整理し体系づけることを目指す。

実は、既存の研究として、こうした多様な自律性を取り上げ体系的にまとめあげた研究は見当たらない。ヴァージニア・ディグナム（2017）の論考のように、タイトルに「autonomy」という単語が入っていても自律性とはなにかが論じられていないこともしばしばである（Dignum, 2017）。イギリス下院科学技術委員会がまとめた報告書「ロボティクスと人工知能（robotics and artificial intelligence）」では、機械の自動的（automated）と自律的（autonomous）との違いが説明されている（House of Commons Science and Technology Committee, 2016）。自動的という語が適切であるにもかかわらず、自律的といっていることが多すぎると指摘されている。ここでいう自動的は、産業用ロボットに使うのに適している言葉であり、定型的で繰り返しが多く、予測がかなりできる作業を担う機械に用いるべきであるのに対して、自律的は、未知の環境にも対応できる機械に使われるべきだという。この説明は、実にシンプルでわかりやすいが、機械の自動的と自律的の区分であって人間をも含めた自律性の検討ではない。

また、欧州科学・新技術倫理グループは自律性に関する声明を出している（European Group on Ethics in Science and New Technologies, 2018）。その声明によれば、自律性とは規範やルール、法を作り考えて選ぶ人間の能力であり、そのなかには自分自身で道徳規範を設け、自分で人生の目的や目標を選ぶ権利も含まれている。そのような人間の能力や権利には自己形成や自己意識、自己内の信念や価値が必ずともなっているのであって、それゆえ自律性は倫理的な意味では人間だけに使われる語である。どんなに機械が高度化して知能をもっているように見えようとも、自律性の語を人工物に使うのは誤用の類に属すことである。この声明は、人間と機械の両方を視野に収め、自律性という語を機械に適用する妥当性について検討しているため、本書のねらいに近い。ただし、後でいう「自己決定」と自律性とを同じものとみなしており、いわば近代的個人を前提にしている。近年、個人の自己決定が欺瞞であるといわれていることを鑑みるに、説得力不足を指摘されてしまいかねないだろう。本書は、近代的自我だけではなく生物や倫理的基盤となる自律性までも含めた幅広い領域を取り上げる。このように自律性に関して体系的に検討した研究はなく、本書はこれまでの研究と十分に差別化できる。

三　ネオ・サイバネティクスという橋頭堡

三・一　オートポイエーシスとはなにか

本書で主に援用するのはネオ・サイバネティクスの理論的枠組みである。ネオ・サイバネティクスの理論に依拠しながら、個人の自己決定という意味での自律性や機械の自律性を捉え直す。ネオ・サイバネティクスは、第一章「生命の自律性と機械の自律性」で述べるとおりハインツ・フォン・フェルスターを淵源とする理論であり、「生物とは何か」「観察者とは何か」「認知とは何か」といった原理的な問いに迫った学的営為である。この学的営為には、後述するオートポイエーシス論を含め、エルンスト・フォン・グレーザーズフェルドの人間の心を対象としたラディカル構成主義、ジークフリート・シュミットやブルース・クラークらの文学システム論、マーク・ハンセンのメディア論、西垣通らの基礎情報学などが含まれる。

ネオ・サイバネティクスの理論では、生物の本質とはオートポイエーシス（自己制作）であり、その帰結として生物には自律性が宿るという。一般的に人々に抱かれている自律性のイメージや工学で実装されている自律性と区別して、本書は、この生物に本質的に備わっている自律性を「ラディカル・オートノミー」と名付ける。

生物の本質とはなんだろうか。その特徴をホメオスタシス（恒常性）に求めることは到底できない。そうであれば、エアコンも冷蔵庫も生物になってしまう。また、生物の特性を自己複製に求めることもできない。細胞分裂の前にＤＮＡの自己複製が生物のなかで起こっていることは明らかであるが、その自己複製の性質だけに生物の定義を見出だすことはできない。というのも、コンピュータは、データやソフトウェアをいとも簡単にミラーリングもしくはバックアップするからである。あるいは、「学習」に求めることもできない。古くはウィリアム・ロス・アシュビーがホメオスタシスに加えて、学習することを生物の特性だとした。しかし、アシュビーが作った機械を含め、さまざまな機械が乱雑な環境にさらされても目標値に向かって制御を行う。もし学習が生物の特性なら、迷惑メールのフィルターは生物になってしまうだろう。コンピュータ以外でもよい。靴は、しばらく履いていれば足になじんでくる。これを一種の「学習」とみなせば、また学習を生物の本質とみなせば、靴も生物になってしまう。こうした立論とは違って、ネオ・サイバネティクスは、生物の本質をオートポイエーシス（自己制作）に見出だす。

人間であれば、自分の体にある約六〇兆個もの細胞を自分の体内で作っており、このような自分で自分を作るシステムをオートポイエティック・システムという。[5] オートポイエーシス論は、ウンベルト・マトゥラーナとフランシスコ・ヴァレラが一九七一年から一九七二年にかけて共同研究を行い概念構築したものである。オートポイエティック・システムの定義を見ておこう。

> オートポイエティック・システムは、構成素が構成素を産出するという産出（変形および破壊）過程のネットワークとして、有機的に構成（単位体として規定）された機械である。このとき構成素は、次のような特徴をもつ。(i)変換と相互作用をつうじて、自己を産出するプロセス（関係）のネットワークを、絶えず再生産し実現する、(ii)ネットワーク（機械）を空間に具体的な単位体として構成し、またその空間内において構成素は、ネットワークが実現する位相的領域を特定することによってみずからが存在する（Maturana & Varela, 1980: 78-79 = 1991: 70-71）。

オートポイエティック・システムは、自分で自分（auto）を制作（poiesis）しながら円環的に内閉したシステムであり、生命の十分かつ必要な条件を兼ね備えている（Varela, 1979＝2001：Maturana & Varela, 1980: 78–79＝1991: 77）。絶え間なく自分で自分を作りながら変形・破壊をもともなう動的な閉鎖系のネットワークである。

マトゥラナやヴァレラ自身は、原イメージとして、マウリッツ・エッシャー作の「描きあう手」（drawing hands）をよく引き合いに出した。この絵画は、二つの手が互いに相手方を描きながら、両方の手が地の部分から離れて現出していくプロセスを視覚化している。オートポイエティック・システムは、絶えず自分で自分を作るように作動しながらみずからを環境と隔てて顕在化していくシステムであり、「描きあう手」のイメージと似通っている。自分の尾を噛むウロボロスも、自己準拠的な循環を表すイメージとしてよく使われた。環が内（システム）と外（環境）を作り出し、同時に環が境界になっている（図序-3、図序-4）。

このことから、第一章「生命の自律性と機械の自律性」でも述べるようにオートポイエティック・システムは次の四点の特徴をもつ。

（1）自律性
（2）個体性
（3）境界の自己決定
（4）入出力の不在

河本英夫（1995）がいうように（4）の特徴は、システムそのものの視点であり、外部も内部もない、つまり自他の区別なく溶け合っている主客未分化の状態の作動について述べたものである。それに対して（1）（2）（3）は、オートポイエティック・システムを単位体としてみる観察者の視点から生じる。すなわち、オートポ

（5）人間の体にある細胞は三七兆個という推定もある。

図序-4　ウロボロス（by Jennis, Lucas）

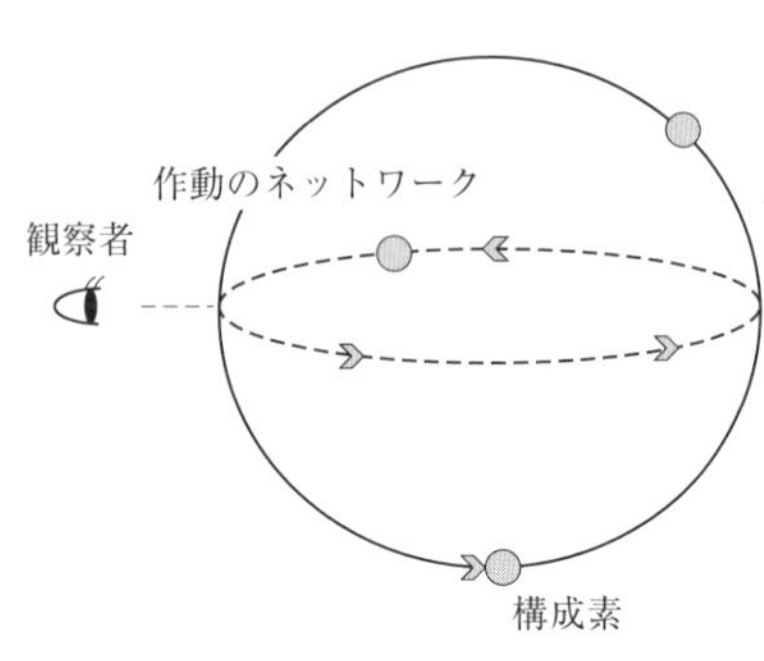

図序-3　オートポイエティック・システム

イエティック・システムは、その自己制作の帰結として、観察者の立ち位置から（1）（2）（3）が見て取れるシステムである。観察者から見て、オートポイエティック・システムはその内的メカニズムに作動の起点があるため（1）自律性を有しているように見える。これが本書でいうラディカル・オートノミーである。単位体として同定できるため（2）個体性があり、内的メカニズムによってシステムの作動が決まるため（3）境界の自己決定が見出だせる。

オートポイエティック・システムは、自分で自分を作り、他者によって作られず他のものを作り出すわけでもない。それがゆえに閉鎖系である。このことから、システムの環境を全く認知しないのではないかと誤解されるかもしれないが、実はそうではない。オートポイエティック・システムは、その内的原理に合わせて環境を認知している。作動的閉鎖系の内的状態に基づいて、内側から外界を認知している（図序-5）。第三章「ロボットの自律性概念」でいう「認知的な閉じ」である。生物は、その生理学的な内部のメカニズムに合わせて環境を認知して、たとえば栄養を摂る。そうでなければ死んでしまう。閉鎖系は開放性の前提であり、「システムは閉じられているがゆえに、開かれている」と表現される。これは現象学の志向性という概念に近い。エトムント・フッサールの現象学

(1931＝2001) は心の領域に議論を絞ったが、オートポイエーシス論は生物学的なレベルから心の領域まで連続的に志向性がみられると主張する (Varela, 1992)。生物の認知は、常にあるものへと向けられている。志向性は、システム内部に向けられることもあれば、システムの環境に向けられることもある。

そして、オートポイエティック・システムは内的に環境を認知しながら変容していく。勘違いされがちだが、オートポイエティック・システムは単なる定常状態を保つシステムではなく固定化されたシステムでもない。システムのなかで絶えず構成素を産出しながら自己を存立させていると同時に、内側から環境を認知し相互作用しながら連続的に変化する動的なシステムである (図序-5)。生物も環境に適応して生存してきたのであり、逆に内的メカニズムが環境に適応できず壊れてしまい絶滅することも数多く生じてきた。これが心の領域に主に限定した議論ではあるが、第三章「ロボットの自律性概念」でいう環境適応性に関連することであり、第五章「他者と依存し合いながら生起する社会的自律性」のいう精神の変容に関係している。

オートポイエティック・システムと真逆のシステムとして、アロポイエティック・システム (allopoietic system) がある。アロポイエティック・システムは、ほかの「別のプロセスによって産出されている」(Maturana & Varela, 1980: 79＝1991: 72) 非オートポイエティックな動的システムであり、「自動車のように、その機能が自分自身とは異なったものを産出する機械」(Maturana & Varela, 1980: 135＝1991: 242) である。アロポイエティック・システムは、実際には入出力関係に従属して動作するシステムであり、開放システムである。ある入力をすれば常に一定の出力をするように目的化されているシステムである (図序-6)。自動車は、人間の手によって二万点以上の部品が作られ組み立てられる。自動車自体が勝手にエンジンやハンドル、アクセル、ブレーキを作り組み立てることはない。自動車自体が自動車を作るわけではない。部品も勝手に入れ変わることはない。人間が精巧な技術を駆使して、運転手の操作どおりに動くように調整する。故障すれば命にかかわるがゆえに、故障し

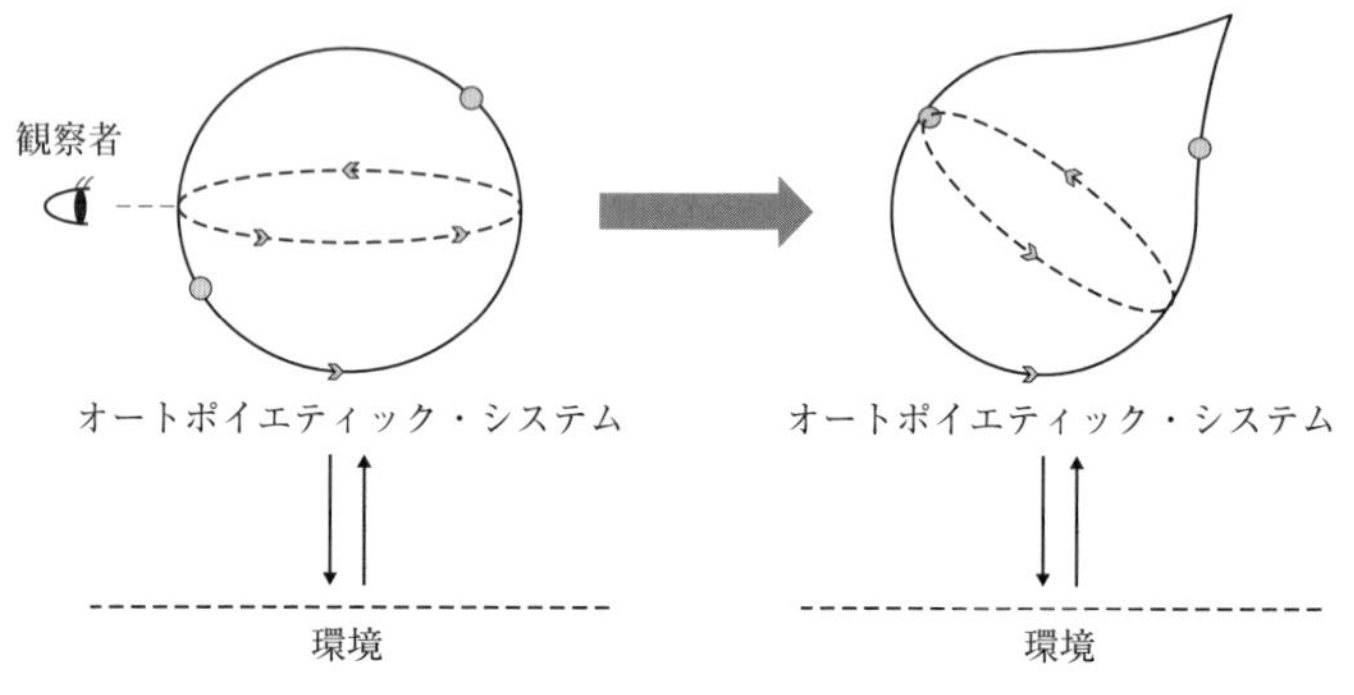

図序-5　環境との相互作用と変容

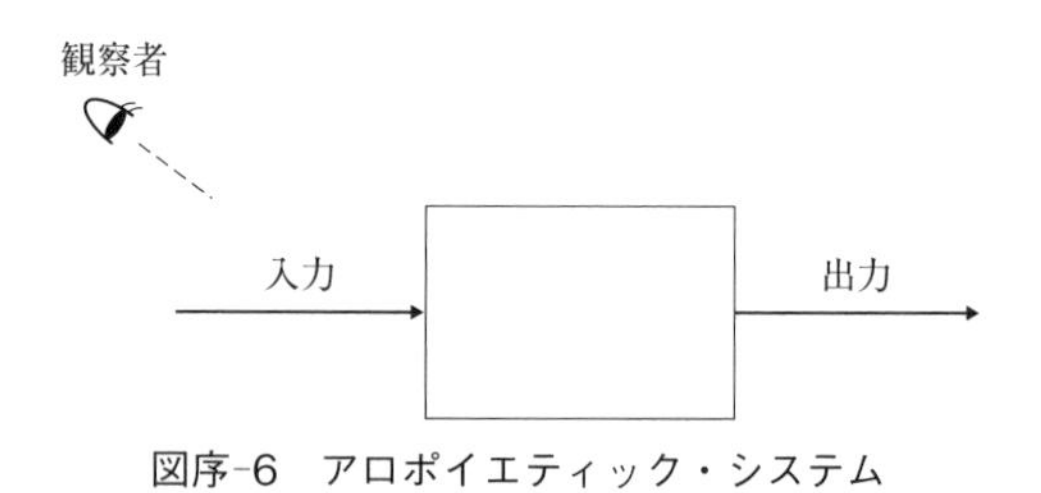

図序-6　アロポイエティック・システム

ないように十全な点検がなされる。この点はエアコンでも自動販売機でも同じである。エアコンも自動販売機もそれ自体でみずからを再生産できず人間が部品を作り組み立てる。エアコンで冷房のボタンを押したら涼しい空気が出てくるように作る。自動販売機でお金を入れたら、きちんと飲み物が出てくるように作る。そのように調整されているシステムである。

これまではっきりと述べてはいなかったが、オートポイエティック・システムをそれとして、アロポイエティック・システムをそれとして同定するのは観察者という存在である。マトゥラナは、「事柄はすべて観察者によって語られる」(Maturana & Varela, 1980: 8 = 1981: 167) と述べ、また「観察者は人間であり、つまりは生命システムであって、生命システムにあてはまることはすべて、観察者にもあてはまる」(Maturana & Varela, 1980: 8 = 1981: 167) という。すなわち、観察者自身はオートポイエティック・システムであり、オートポイエティック・システムを観察する場合はオートポイエティック・システムがオートポイエティック・システムを観察する関係が形成される。

言い換えれば、オートポイエティック・システムの自律性も、観察者と独立して素朴実在論的に存在しているわけではないということだ。第一章「生命の自律性と機械の自律性」や第四章「擬自律性はいかに生じるか」で述べられるように、自律性は観察者との相関で同定される。すなわち、観察者によって相即的に存在せしめられる。けれども観察者とはいえ、どのようにでも観察できるわけではない。観察それ自体が生命システムを基盤としており、またそれまでの言語的活動と連関しており、さらには記述する際には根拠を求められるからだ。石ころ自体に自律性があるというなら、どのような意味でそれが自律性をもっているかを説明しなければならない。第三章「ロボットの自律性概念」では、オートポイエティック・システムではないけれども、岩の自動落下運動は物理学的・数学的な意味で自律性があると述べられている。

三・二　生命システム／心的システム／社会システム

ラディカル・オートノミーは、生命の領域／心の領域／社会の領域のそれぞれで見受けられる。ネオ・サイバネティクスの理論では、生物の体内にある細胞は自分で自分を作りながら自律的に動いている。自分で細胞膜を作り、分裂し破壊していく。人間の体内の細胞は、部位によって寿命に違いがあり、骨だと数年、入れ替わりに要するが、多くの細胞がおよそ六ヶ月間で入れ替わる。きわめてダイナミックな動きをみせる。免疫系や神経系もオートポイエティック・システムであると位置づけられる。たとえば、免疫系でも血小板の破壊が過度に進んでしまう難病が存在する。残念ながら現時点の医療では治癒することが難しい。免疫系の内部のネットワークで決まっていることであり、外部から介入しようとしてもうまくいかない。このような生物学的領域のオートポイエティック・システムを生命システムと呼ぶ。

さらには心も自律的であるとする。心理レベルのオートポイエティック・システムは、心的システムと呼ばれ、間断なく思考を産出するシステムである。心的システムは、人間が織りなす細胞や免疫系、神経系、心、社会に至るまで存在する多数のオートポイエティック・システムの一種である。したがって心的システムは、膨大なオートポイエティック・システムのわずかを占めるにすぎず、決して万能ではない。細胞の動きは心で制御できない。脳内で起きている発火パターンをすべて意識しているはずはない。あるいは意識によって抑えられない身体の深奥からくる、逃れることのできない衝動や気質に苛まれることもある。けれども近代社会以降では、主観的に感じられる心が存在しないと感じることはない。また心が全く無力であるかというと、そうではない。たとえ薄い氷のようなものであっても心は確かに存在しているように観察される。心的システムは、絶えず思考を産出しながら存立している。

一人ひとりの心的システムは、オートポイエティック・システムであり、その内部のなかで閉じている。自分の心的システムを脱ぎ捨てることはできず、他者の言葉はあくまでも自分の心の内側から解釈されていく。このため、いくら周りが声をかけても気分の落ち込みが収まらず、恐怖心がなくならないことがしばしば見受けられる。いくら悲惨な境遇に追い込まれている人たちに同情してケアしようとしても、相手の心の闇が晴れないことも多い。力を尽くしたとしても他者ができるのは、苦しんでいる人の心にきっかけを与えることだ。ただし人間の心的システムは自己自体を観察することができる。それゆえ、第五章「他者と依存し合いながら生起する社会的自律性」で述べている通り、自由自在に性格を変えるところまではいかないにせよ、観察者の観点から自己と環境との相互作用を捉え、自分自身を変化させうる柔軟性がある。

ここで留意しなければならないのは、第六章「組織構成員の自律的思考とＡＩをめぐる実証的分析」で取り上げる自律的思考——「みずから進んで行動している」という直観的思考——は、心的システムの自律性そのものではなく一部分であり、思考内容のパターン連鎖の一種であることだ。前記したように、この自律的思考はその人の健康状態にもかかわっている。逆に、いわば他律的思考——ある組織や他者などによってやりたくないことをイヤイヤさせられていると考えること——も心的システムの思考スタイルの一種である。悪条件にもかかわらず自律的思考を抱いて前向きに考えることもあれば、好条件にもかかわらず他律的思考に陥り否定的に考える場合もある。こうしたことが起きるのは、心的システムが自律性を有するがゆえである。

また、理性に基づき「自分で自分のことを決定する」という思考の一種が個人の自律性と一般に呼ばれているものに等しい。ネオ・サイバネティクスの見地に立てば、個人の尊厳を基礎づけてきた精神の自律性は、ラディカル・オートノミーという枠組み全体のなかでのきわめて特殊な一形態である。前記したように、この心理レベルの自己決定は近代社会における個人の選択の自由をもたらす。しかし、自己決定の存在基盤はゆらぎはじめている。したがって、それよりも広い意味でのネオ・サイバネティクスにおける自律性概念に基づいて根拠づけしなければ、今後のＡＩ社会のなかで個人の自律性は見えなくなってしまうだろう。(6) すなわち人間は、細胞レベルから免疫系、神経系、低劣もしくは官能的な欲望、ねたみ、嫉妬、さらには理性に至るまでのラディカル・オートノミーを持ち合わせている存在であり、その根源的な自律性はオートポイエーシスという自己制作の運動からきていると規定するのだ。人間は、理性があるから尊重されるわけではない。第二章「生きられた意味と価値の自己形成と自律性の偶然」で述べるとおり、人間がオートポイエティック・システムの集合体であり自分で意味を作り出している存在であるがゆえに、そこに存在意義があると見なすのである。

社会的な次元はどうか。ネオ・サイバネティクスの立場に立てば、オートポイエーシスという特徴は、人間を含めた生物単体だけでなく、広く人間の社会にも見られるものであり、社会の自律性をもたらしているとされている。社会領域におけるオートポイエティック・システムは、社会システムと呼ばれ、その構成素たるコミュニケーションがコミュニケーションを継続的に引き起こす。物価の下落と企業収益の悪化が連続的に起こるデフレ・スパイラルも社会システムの一種である。社会学者ニクラス・ルーマンの機能分化社会論は、社会が法システムや経済システム、マスメディア・システムなどの社会システムに分かれ、それぞれの社会システムが各々の内的メカニズムによってコミュニケーションを連続的に産出しているとする理論である。

いうまでもなく、以前から社会を特徴づける語として技術が選ばれてきた。技術によって、あるいは技術が相互に組み合わさることによって、社会が成立している。人と人とが対面で打ち合わせする場合でも、その場まで行くためには自動車や電車、飛行機を使い、打ち合わせ場所には照明や空調、エレベーターなどが使われている。打ち合わせ時間も時計によって正確に把握できる。紙の書類でもプリンタから出力されているし、そもそも製紙技術によって紙自体も作られ、正確なサイズで裁断されている。コミュニケーションの連鎖は技術が支えている。

現在、そのコミュニケーション連鎖の自律性の創出に人間のみならずコンピュータ技術もかかわっていることは論を俟たない。すなわち現代社会では、こうした社会システムのコミュニケーション連鎖にＡＩを含むコンピュータ技術が大量に介在しており、「機械―人間混成系」（Wiener, 1964＝1965）、あるいは「〝人間＝機械〟複合系」（西垣、2008）といえるシステムが生成していることが特徴的である。

メールやネット会議、ＳＮＳ、ネットゲーム、ウェブサービス、電子資料、電子決済などを想起すればわかりやすい。コンピュータ技術なくしては、もはや現代社会が成り立たないほど、コンピュータ技術が社会の隅々にまで入り込んでいる。

きわめて暴力的で特定の人間を追いつめるインターネット上の「炎上」も社会システムの一種である（河島、2014）。あるいは一世を風靡した初音ミクなどのようにオープンコンテンツが次々と創出されていく現象も社会システムとして捉えられる（チェン、2012）。ネット上の社会システムも複数に分かれており、ときには対立が起きる（河島・椋本、2014）。人々の記述が素材となりコミュニケーション過程に取り込まれて、それが自己運動しはじめる。

三・三　人間の他律性

これまで人間およびその社会の自律性のみを取り上げてきた。しかし、人間がオートポイエティック・システムの集合体であるからといっても、周知のように人間は他律性で捉えられる面も少なくない。人間の他律性にも目を向けなければ、それは実際に起きている現象の大きな一面を見逃してしまう。というのも社会のなかでは、

（6）『ＡＩ倫理』（西垣・河島、2019）では、オートポイエーシスの帰結としての自律性を理論的自律性と呼び、近代的個人の自律性を実践的自律性と呼んだ。

その仕組みや文脈に合わせた振る舞いが求められるからである。たとえば商品を購入するには代金を支払わなければならず、日本では自動車は左側の車線を走らなければならない。また批評家ルネ・ジラールの研究にあるように、欲望は、自分とその対象の二項関係ではなく、他者も含みこんだ三項関係で生まれる。他の人たちが高級ブランドを欲しているからこそ、みずからも欲しくなる。三〇〇〇円のバッグでも三〇万円のバッグでも荷物を持ち運ぶという機能は変わらないにもかかわらず、人々は他者に羨ましく感じてもらうために大金をはたいて購入しようとする。すなわち、他者の影響を受けて消費行動をしている。あるいは、政治哲学者ハンナ・アーレントなどがナチスによるホロコーストを考察して述べたように、大勢の人が他者の命令に忠実に従ってユダヤ人の名簿作成や検挙、輸送、処刑といった細分化された業務を粛々と遂行することにより大虐殺が起きた。また心理学者スタンレー・ミルグラムがホロコーストを行った人間の心理を探るため頑強な実験を行い、いとも簡単に人間は他者の指示に服従し危害を加えてしまうことを詳らかにした。人間は、このように自律性ばかりでなく他律性を兼ね備えている。人間の自律性について語ると、しばしば「人間だって他律じゃないか」と疑問・反論が呈されるが、それはこのようなことがあるからなのだ。いったい人間は自律的なのか、他律的なのか。再び疑問が湧いてくる。

ネオ・サイバネティクスの理論では人間は、多数のオートポイエティック・システムの集積体であり、基本的に自律性に満ち満ちている。たとえ他者からの影響があろうとも、それは「刺激」にすぎず、あくまで心の自律的な動きがみずからの存立様態にしたがって内的視点から認知するだけである。心は、ラディカル・オートノミーを有している。それでは、人間の他律性はどのように理解できるだろうか。

ネオ・サイバネティクスの理論のなかでも基礎情報学は、独特の方法を使って自律性／他律性を捉える。つまり基礎情報学は、矛盾ともいえる自律性と他律性の両面を視点移動の操作によって——認識論的な次元を変える

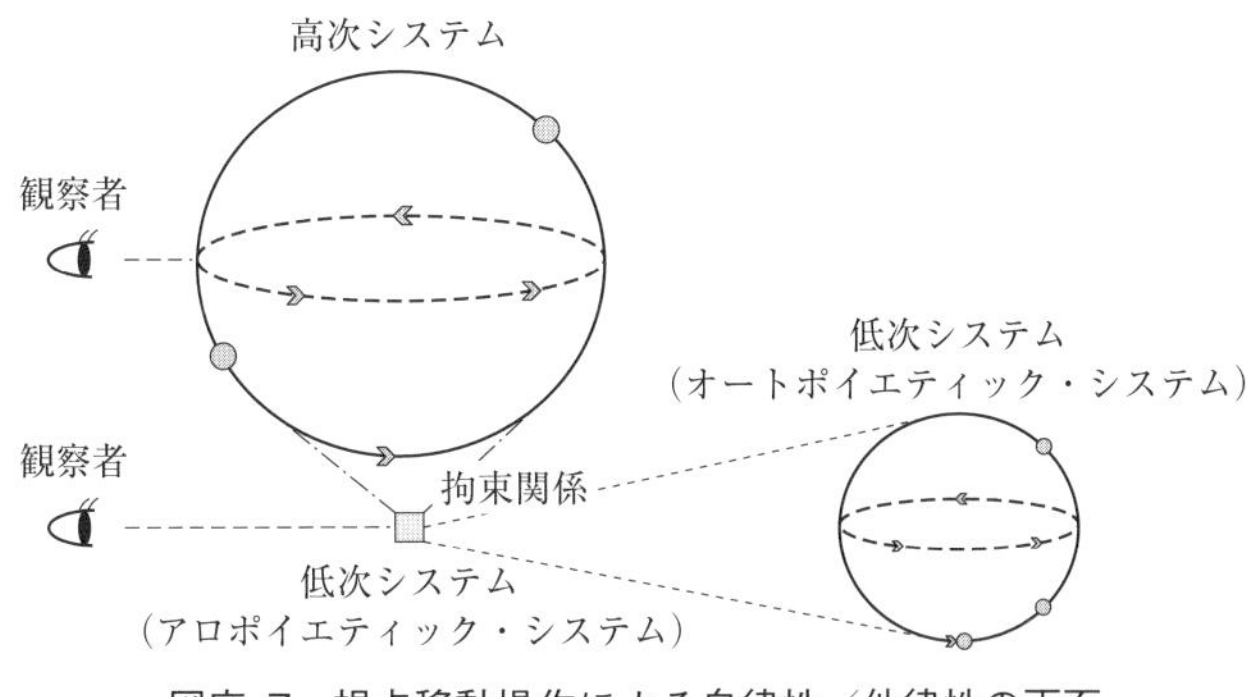

図序-7　視点移動操作による自律性／他律性の両面

ことによって――止揚した。基礎情報学は、次のような条件で考えたときにシステム間の階層関係が成立するとした（西垣、2003）。

（1）システムAに内属する観察者の視角から見て、システムAがオートポイエティック・システムとして出現するのに対し、システムBはアロポイエティック・システムとして立ち現れる。

（2）システムBに内属する観察者の視角から見て、システムBがオートポイエティック・システムとして出現するのに対し、システムAは非明示的存在にとどまりアロポイエティック・システムとして出現しない。

これら（1）（2）の条件がともに成り立つとき、システムAとシステムBとの間に階層関係が見出せる。システムAが上位のシステムでありシステムBが下位のシステムである。そして上位システムと下位システムとの間には拘束が働く（図序-7）。社会システムと心的システムとの間でいえば、社会システムが上位にあたり心的システムが下位に当たる。社会システムは心的システムを拘束している。このような関係にある個々のシステムが第三章「ロボットの自律性概念」で言及される階層的自律コミュニケーション・システム（Hierarchical Autonomous Communication

System：HACS）である。下位のシステムは上位のシステムに対して素材を提供することはできるが、その素材が汲み取られるか、汲み取られるならばいかようにかを直接コントロールすることはできない。

日常生活において、思うように行為できないことは意外に多い。もちろん、生物学的・身体的な自律性があってそれが自由意志の実現を阻んでいることも少なくない。オオワシの大きな翼にいくら憧れても、自分の手足からその翼が生えてくることはない。しかし、その思いどおりにならない様は、生命システムと心的システムが別種のオートポイエティック・システムであり、互いに自律性があるからこそ起きることだ。いま取り上げている階層関係による拘束が生じるのは、一方がオートポイエティック・システムとして現出するが、もう一方がアロポイエティック・システムとして現出するケースである。社会の自律性が立ちはだかり、個人的な意思で動けないことは幾度も経験する。友人を雇用したくとも制度が許さなかったり、同性の人と正式な結婚ができなかったり、あるいは業界全体の仕組みに翻弄されたりする。そうした場面に社会システムと心的システムとの間の階層関係が見出せる。

このような視点移動は、それほど意識的でないにせよ、一般の人でも行っている。友人の相談にのっているときは、友人の心の内側を見るようにオートポイエティック・システムとして観察する。対して会議の全体の進行を任せられているようなときは、その場のコミュニケーションの流れを観察しながら参加者が的確にインプット—アウトプットすることを望む。すなわちアロポイエティック・システムとして捉えている。北村智・柴内康文（2018）は、マスメディアの影響に関する認知レベルの第三者効果について調べ、観察者の視点を自分の心にもっていったときには自律的な心が見出されるのに対して、他者一般に目を向けたときには社会全体のなかで他者がアロポイエティック・システム——入出力関係によって捉えられる他律システム——に捉えられることを見出だした。自分はマスメディアの影響を受けず自律的に判断できるけれども、世間一般の人たちはマスメディアの影響を受け他律的に判断するという。すなわち、他者一般のことを考慮する際には、社会システムを観察する立ち位置に移ることがうかがい知れる。自分は自分のことを自律的存在だと捉えているのに対して、他の人々はそうではないと考えている。基礎情報学は、こうした我々が日常的にやっている視点の切り替えをきちんと明示化してオートポイエーシス論に組み込んだ。

人間の他律性は、各人の心的システムがさまざまな社会現象を批判的に捉えずそのまま受け入れているときに先鋭化する。社会の仕組みや組織の命令に従って行動すると自分で必死に考えないで済む。なにかトラブルが生じたときにも、あるいはたとえ良心の呵責に苛まされることであっても、自分以外のもの（組織の決定や法律、内規など）に行動の根拠を帰属させることが可能だ。あなたが赤信号で車を停めていたときに後続の車に追突されたとしよう。その後続の車の運転者から「なぜ、停まっていたんだ！」と問い詰められたとしても、あなたは「赤信号だったから」と当たり前のように返せばよい。その行動の根拠は、社会システムの作動の結果として生まれた交通法規に定められているからである。争いが生じたとしても、上位システムの交通法規が参照されて、自分に非があることにはならない。人間の他律性は、一時的である場合があるにせよ、また悲惨な状況が続くことがあるにせよ、その社会の安定性に寄与する。

各人の心的システムが社会現象を批判的にみている場合はどうだろう。社会システムに内属した観察者の視点からその社会に組み込まれた自分をみつめる。そしてみずからの心的システムに内属した観察者の視点から自分の心をみつめる。この両者の齟齬が強烈に現れたとき、である。この場合、当人は大きな選択を迫られる。自分の心情を保持し他律的思考を形成しつつ耐え続け、あるいは自分の心情を半ば消し去り、社会システムに組み込まれたままで生きるのか。それとも自分の意思を貫き社会システムの変動を画策して動くのか、もしくはその社会システムから離脱するのか。たとえば売上を上げるため、所属している会社が法令に抵触しそうな行為をしていたとしよう。その場合、最初は自分は問題視していたが、売上を伸ばすために仕方がないと思い直し、問題を問題として捉えなくなったケースが前者である。逆に法令を遵守することが肝要であると考え、会社内で行動を起こしたり、あるいは呆れて会社を辞めたりするケースが後者である。社会のなかで役割を果たす他律性と自分の心の自律性とのせめぎあいが起きることは頻繁に見受けられる。

ただし忘れてはならないのは、心的システムの視角から見ると、必ず自律性が見えてくることである。たとえ社会システムやそれを支える生命システムに内属する観察者の視角から見ると、必ず自律性が見えてくることである。たとえ社会システムのメカニズムに合わせて生きているだけに見えたとしても、その人の自律性が完全に失われているわけではない。社会的次元の観点からだけ見て、人間の他律性ばかりを強調しすぎてはならない。それは、人間をアロポイエティック・システム（人工機械）と完全に同一視する方向へ近づく知的態度であり、人間の尊厳を消去するものになりかねない。ほんの少しかもしれないとはいえ、心的システムの自律性は存在するし、その奥には生物学的自律性を備えた生命システムが大量に存在しているのである。たとえ牢屋につながれていても死すまで自律性が失われることはない。強制的に手足を縛っても、その人はさまざまなことを思考することができる。

三.四　ネオ・サイバネティクスの理論からみた機械の自律性

前にも述べたように機械の特徴を自律性という語で表現することも多くなった。機械は、ネオ・サイバネティクスの見地からいえば、あくまでアロポイエティック・システムである。エアコンや自動車と同じくＡＩも、ＡＩがＡＩを作っているわけではなく、アロポイエティック・システムである。ＡＩの第三次ブームを牽引している深層学習でも同様である。多くの人が話し合ってＡＩを導入する目的や領域を決める。開発者が目的や既存のデータを吟味して妥当な方法を検討し、教師あり学習や教師なし学習、強化学習の手法の選択を行う。また単語や文章の特徴量を抽出するための記号類似度の計算方法を考える。カメラやセンサーを仕込んだり他のコンピュータ・システムと連携させて大量のデータを用意する。ＣＮＮ（Convolutional Neural Network）を使うのかＲＮＮ（Recurrent Neural Network）を使うのか、何層のニューラル・ネットワークにするのかを決める。さらには検証用のデータを用意してテストし、実用に耐えられる分類精度の値を決める。人間が各種ハードウェアも用意している。ＡＩがハードウェアも含めて自分で自分を作るようになるには、相当の技術的ステップが要される。オートポイエーシスの有無で考えると、第三次ブームのＡＩもアロポイエティック・システムであり、いまだ生物と機械は異質である（河島、2016）。

機械の自律性の高まりは、生物に生得的に備わっているラディカル・オートノミーのように「あり／なし」の二者択一で判断するものではなく、度合いで測られるほうが適切だろう。

機械の自律性の実装は、粗っぽくいえば人間の自律性を模倣しながら進められていることが多いといってよい。一九八〇年代に勢いのあったルールベースのＡＩは、人間の思考が理性・知識によって出来上がっていると考えられたため、その理性・知識を論理的な構造で表現することが目指された。いま注目を浴びているディープラーニングも、ニューラル・ネットワークの研究を発展させるなかで、人間の脳の多層なネットワークが参考にされて生まれた、特徴量を自動的に獲得していく手法である。以前のようにどのようなことを変数にするのかを細かく指定しなくともよくなったし、すべてのルールを書き下す必要もなくなった。従来のＳＶＭ（Support Vector Machine）などの手法に比べて自動化の範囲は増した。大量のデータから特徴量の抽出を自動で獲得し、間違った出力があれば出力に近い側から調整する誤差逆伝播法も使われているからである。AlphaGoも、囲碁に勝つという目的を設定し、評価関数を学習によって変化させ訓練データの棋譜も作り出しながら、徐々に強くなり最適な手を割り出すようになった。本書のいうラディカル・オートノミー――自己制作による帰結――が実現できている段階ではないが、人間の自律性を参照しながら機械における「人間が介入せず自動で計算・動作する度合い」が高まっていることは明確に確認できる。これまで自動車は、人間が周囲に注意を向けながらハンドルを握り、アクセルやブレーキも踏んできた。いま開発が進められている自動運転車は、こうした人間の注意・操作を徐々に自動化してきている。ＡＩやロボットを単にアロポイエティック・システムと位置づけその他律性のみを指摘するだけでは、こうした技術の高度化を捉え損なう。我々は、斧やナイフしかない石器時代に生きているわけではない。機械の自律性の評価には「自分で自分を作っているか」の軸だけでなく、少なくとも「人間が介入せず自動で計算・動作する度合い」の軸を入れていくことが求められる。

この「人間が介入せず自動で計算・動作する度合い」の軸でみたときには、ＡＩやロボットの自律性の高まりはきちんと見て取れる。視覚・聴覚・触覚を複合的に組み合わせたマルチモーダル情報を自動的に計算してカテゴライズするロボットはすでに開発されている（長井・中村、2012）。このロボットはカメラやマイク、触覚センサーからのデータを計算しクラスタリングして、高い精度で物体を分類している。ＡＩは、実践的な体験に根ざした概念形成にまでは至っていないとはいえ、部分的にせよみずから物体を識別する概念を形成していると考えられる。ほかにも、教師なし形態素解析で文章から単語を切り分けすることもできるようになっている。第三章を執筆した谷口忠大らが「記号創発ロボティクス」という名で、人間の知能の仕組みを探るため、ボトムアップ的に学習を通じて言語獲得を行うロボットを実際に作りながら検討している（谷口、2014）。

ほかには進化論的計算の手法を使った研究でも、コンピュータが自動計算する領域が拡大している。たとえばルツィウス・ブロードベックらは、「母ロボット」がモジュールを組み合わせて「子ロボット」を作って評価し、さらにその評価をもとに組み合わせを行い、自走するスピードがより速い子ロボットを生み出している（Brodbeck, et al. 2015）。開発者が母ロボットなる操縦機やその内部で自動計算するソフトウェア、子ロボットを構成するモジュール、実験方法、目標を制作・設定しているが、母ロボットが進化的アルゴリズムに則り、モジュールを組み合わせて制限時間内に遠くまで移動できる子ロボットを自動で割り出すまでには至っている。

加えて擬生命化（擬人化）――ネオ・サイバネティクスの用語になぞらえていえば、擬似オートポイエティック・システム化――の問題がある。第四章「擬自律性はいかに生じるか」で述べるように、人間の心がＡＩやロボットを擬生命化（擬人化）するのは、ＡＩやロボットを観察するのがあくまで人間（観察者）であるからだ。たとえＡＩやロボットが自己制作していなくとも、すなわちアロポイエティック・システムであっても、顔や所作、ちょっとした受け答えにそれが生物の内側からきているものではないかと感じてしまう。ＡＩやロボットに観察者側の経験を不可避的に読み込んでしまうのだ。前記したように、「事柄はすべて観察者によって語られる」からである。

考えてみれば、これまで人々はさまざまな事物を擬人化して解釈してきた。ＡＩやロボットの擬人化も、その行為を拡張したものであると考えられる。よく知られているように日本では古来より擬人化をさまざまに行ってきた（伊藤ほか、2016）。鳥獣人物戯画や猿蟹合戦のような生物の擬人化だけでなく、樽やたいやきまで擬人化してきている。最近では日本のテクノ・アニミズム（techno-animism）も耳目を集めている（Jensen & Blok, 2013）。先ほど触れた初音ミクも、声優の声の入った単なるボーカロイドではなく、キャラクターのイラストや年齢・身長・体重等のプロフィール設定をしたことで擬人化が引き起こされ世界的な人気を誇った。初音ミクがまるで身体をもったかのように「そんな高音苦しいわ」と歌う曲が作られ話題ともなっている。

擬人化については、これまで心理学的見地からも研究が蓄積されてきており、擬人化を引き起こす要素として、「人に似た外見および行為」「事物とインタラクションしたり事物の動きを予想可能にしたりしたいという願望」「社会的な交流がなく寂しい気持ち」が挙がっている（Epley, et al., 2007）。石黒浩が作ったアンドロイドは、プログラムどおりの動作と発話を繰り返すだけであるが、それでも注目を集めるのは一点目の「人に似た外見および行為」に強く関わっているからだろう。もちろん、我々は直観的には人間と機械との違いに気づいていることも確かだ。というのも先に触れたように、そうでなければ、ペッパーのＯＳがアップロードされたら、それは人権問題にならなければならない。石黒浩が作ったアンドロイドが日本科学未来館に閉じ込められていようとも、監禁事件と見なされない。けれども、インターネットで会話するだけのチャット・ロボットであれば、その差は見出だしがたい面もあるだろう。この擬人化の現象も含めて自律性を考えていくことが欠かせない。

さらに、社会システムに組み込まれた技術が集積しネットワーク化することで、自律性をもった様相を帯びることが挙げられる。

たとえ個々のソフトウェアがアロポイエティック・システムであり自律性が低くとも、複数のソフトウェアの動きが相互作用して自律性を帯びるケースが起こりうる。もっとも有名な例は、二〇一〇年五月六日に起きた株価大暴落である。コンピュータ・プログラムによる高頻度取引が巻き起こしたといわれ、個々のプログラムがそれぞれの資金を守ろうと動作した結果、ものの数分間にダウ・ジョーンズ平均株価が九％以上も下落した。こうした社会システムのレベルの自律性も存在している。個々の技術はアロポイエティック・システムであるが、ほかの技術と合わさることで、人間が即座に対応できない事態が生じた。

どんな人であってもネットワーク化されたコンピュータ技術の全体を余すところなく理解することは難しい。水や電気、ガスと同じく、コンピュータ技術はネットワーク化している。インターネットでデータを送受信できるのも、ＴＣＰ／ＩＰやルータ、ドメイン管理、ＳＳＬ／ＴＬＳなどの仕組みが相互に緊密につながっているからである。それらの全体を見通すことは事実上できない。またＣＰＵの処理速度の高速化やインターネット回線の大容量化、コンテンツの動画化といった流れは、たとえ世界の巨大ＩＴ企業といえども一社では止められない。

個々の細かな技術は人間によって作られており制御可能であるが、個々人の意思で好き勝手に制作しても、ほかの技術との連動がうまくいかなければ使われない。コンピュータ技術の標準や動向を踏まえて制作することで、はじめてそれらが社会に受け入れられる素地が作られるのである。そうした意味で、技術開発は集合的行為でもある。コンピュータ技術は、人間個人の制御を離れて、社会システムの自律性に組み込まれて動いている。

四　本書の構成

ここで本書の構成を簡単に記しておこう。まず第Ⅰ部では「自律性とはいったいなにか」を論じる。第一章「生命の自律性と機械の自律性」において、本章で概説的に述べたオートポイエーシス論の定義を厳密に行い、具体例を交えながら、ハインツ・フォン・フェルスターの立論を批判的に吟味しつつ制御の制御による閉鎖系に自律性を見出だす。「制御の制御の制御…」と制御の段階を上げると工学的な自律性は上がるが、そのメカニズムが閉じていないならばラディカル・オートノミーではない。すなわち生物ではない。閉鎖系に達しているか否かが大きな分かれ目である。第二章「生きられた意味と価値の自己形成と自律性の偶然」では、意味を自分のものとするという事態は、ＡＩの「記号接地」とはいかに違うのかを問う。確率論的なデータ処理ではなく、我々人間としては生きられた意味と価値が生じることが本質的に重要なのである。

第Ⅱ部では「情報技術と心の自律性」を扱う。第三章「ロボットの自律性概念」において、機械の自律性とはそもそもどういったもので、その現状はどういった状況にあり、これからどういった方向に向かうのかを考察する。工学系の研究のなかでは機器の性能を上げることが第一であり、設計者や利用者が制御できないものは避けられる。制御できなければ品質保証もできない。そうしたなかで、工学系の研究は自己制作の意味での自律性に近づいていけるだろうか。ロボティクスやＡＩの自律性、そして執筆者の谷口忠大自身が取り組んでいる記号創発ロボティクスの自律性を取り上げ、ネオ・サイバネティクスとの関係を探る。第四章「擬自律性はいかに生じるか」では擬人化を取り上げる。ＡＩやロボットが意味解釈をしているように見えるのはなぜか、「ＡＩが〜」といったように主体としてＡＩが位置づけられ語られるのはいかにしてかを検討する。有名なグーグルの「猫」や、ＡＩが「錯覚を起こした」として話題となった再現実験を題材にして考えていく。デネットのいう設計的な構えには二種類あり、観察者を含み込んだ場合とそうでない場合がある。観察者を捨象した視点からの設計的な構えが社会的コミュニケーションと合わさり、志向的な構えにつながっていく。

第Ⅲ部の「ＡＩ社会に組み込まれる個人」は、その名のとおり、ＡＩ社会のなかでの個人のありかたを検討し、またすでに日常生活に入り込んでいるコンピュータ技術が自律性を高めるか否か、高めるとするとどのような点に気をつけなければならないかを問う。第五章「他者と依存し合いながら生起する社会的自律性」では、後年のヴァレラが着目した仏教的な縁起のイメージを参照しながら、人間の心の自律性が有している柔軟さについて述べ、社会において生きる個人の適応性を高めることを説く。執筆者のドミニク・チェンは、自分の心もしくは行為を視覚化して観察を拡張するソフトウェアType Trace——自分自身を律するためのテクノロジー——を開発しており、心的システムが有する自分の心を自己観察する能力を重視している。この第五章では、そうした心的システムが社会という環境に接することで、さらに柔軟性を向上させていくことを強調する。ＡＩ社会がめまぐるしく変動してくことが予想されるなかで、個人の自律性を高める必要性が念頭に置かれていると思われる。第六章「組織構成員の自律的思考とＡＩをめぐる実証的分析」では、意思決定支援の場で使われているＡＩを取り上げ、そのＡＩの導入が組織構成員にとって自律的思考を促すことになっているのか否かを考察する。アンケート調査も実施し、組織構成員自身が気づきを得て、新たな思考を生み出している実感があるのかを検討する。

謝辞

本章は、科学研究費補助金若手研究（B）「人工知能・ロボット・サイボーグの倫理的問題に関する理論的かつ実証的研究」（平成29年度—平成31年度、代表：河島茂生、研究課題番号：17K12800）の助成を受けた研究に基づいたものである。

［参考文献］

AIネットワーク社会推進会議「報告書2017：AIネットワーク化に関する国際的な議論の推進に向けて」、二〇一七年（http://www.soumu.go.jp/main_content/000499624.pdf）（二〇一九年三月三一日確認）
AIネットワーク社会推進会議「報告書2018：AIの利活用の促進及びAIネットワーク化の健全な進展に向けて」、二〇一八年（http://www.soumu.go.jp/main_content/000564147.pdf）（二〇一九年三月三一日確認）
伊藤慎吾編『妖怪・憑依・擬人化の文化史』笠間書院、二〇一六年
角本繁ほか「社会技術実装の方法論構築に向けて」社会技術研究論文集7巻、二〇一〇年、i-viii頁
河島茂生「創発するネットコミュニケーション」西垣通ほか『基礎情報学のヴァイアビリティ』東京大学出版会、二〇一四年、七五-九六頁
河島茂生＝椋本輔「個人情報をめぐるせめぎあい」『デジタルの際』聖学院大学出版会、二〇一四年、七五-一〇二頁
河島茂生＝竹之内禎「情報倫理の目指すもの」『情報倫理の挑戦』学文社、二〇一五年、一-一八頁
河島茂生「ネオ・サイバネティクスの理論に依拠したAIの倫理的問題の基礎づけ」社会情報学五巻二号、二〇一六年、五三-六九頁
河島茂生「AIネットワーク状況下における集合的責任」社会情報学八巻一号、二〇一九年、一-一四頁
河本英夫『オートポイエーシス：第三世代システム』青土社、一九九五年
北村智＝柴内康文「基礎情報学と社会調査研究の架橋可能性」『基礎情報学のフロンティア』東京大学出版会、二〇一八年、三五-五八頁

栗原聡ほか「汎用ＡＩ実現のための鍵となる自律性とマルチモーダル性についての考察」二〇一七年度人工知能学会全国大会（第三一回）、二〇一七年
谷口忠大『記号創発ロボティクス：知能のメカニズム入門』講談社、二〇一四年
ドミニク・チェン『フリーカルチャーをつくるためのガイドブック：クリエイティブ・コモンズによる創造の循環』フィルムアート社、二〇一二年
長井隆行＝中村友昭「マルチモーダルカテゴリゼーション」人工知能学会誌二七巻六号、二〇一二年、五五五‐五六二頁
西垣通「オートポイエーシスにもとづく基礎情報学」思想九五一号、二〇〇三年、五‐二二頁
西垣通『続　基礎情報学：「生命的組織」のために』ＮＴＴ出版、二〇〇八年
西垣通＝河島茂生『ＡＩ倫理：人工知能は「責任」をとれるのか』中央公論新社、二〇一九年
西村和雄＝八木匡「幸福感と自己決定」RIETI Discussion Paper Series 18-J-026、二〇一八年。(https://www.rieti.go.jp/jp/publications/dp/18j026.pdf)（二〇一九年三月三一日確認）
Brodbeck, Luzius. and Hauser, Simon. and Iida, Fumiya, Morphological Evolution of Physical Robots through Model-Free Phenotype Development. 2015. (http://dx.doi.org/10.1371/journal.pone.0128444)（二〇一九年三月三一日確認）
Dennett, Daniel C., *Kinds of minds: toward an understanding of consciousness*, Basic Books, 1996. 土屋俊（訳）『心はどこにあるのか』草思社、一九九七年
Dignum, Virginia, "Responsible Autonomy" in *Proceedings of the Twenty-Sixth International Joint Conference on Artificial Intelligence AI and autonomy track*. 2017. (https://doi.org/10.24963/ijcai.2017/655)（二〇一九年三月三一日確認）
Epley, Nicholas. and Waytz, Adam. and Cacioppo, John T., "On seeing human" in *Psychological Review*, Vol. 114, No.4, 2007, 864-886. (https://static1.squarespace.com/static/51e3f4ede4b053e5f0062efd/t/51f7e119e4b0021e84852cc/1375199513450/on-seeing-human.pdf)（二〇一九年三月三一日確認）
European Group on Ethics in Science and New Technologies, Artificial Intelligence, Robotics and 'Autonomous' Systems, 2018. (http://ec.europa.eu/research/ege/pdf/ege_ai_statement_2018.pdf)（二〇一九年三月三一日確認）

European Parliament Committee on Legal Affairs, DRAFT REPORT with recommendations to the Commission on Civil Law Rules on Robotics, 2016.
（http://www.europarl.europa.eu/sides/getDoc.do?pubRef=-%2f%2fEP%2f%2fNONSGML%2bCOMPARL%2bPE-582.443%2b01%2bDOC%2bPDF%2bV0%2f%2fEN）（二〇一九年三月三一日確認）
Floridi, Luciano. and Sanders, Jeff W., "On the Morality of Artificial Agents" in *Minds and Machines*, Vol. 14, No.3, 2004, 349-379.
Future of Life Institute, Asilomar AI Principles, 2017.
（https://futureoflife.org/ai-principles/）（二〇一九年三月三一日確認）
House of Commons Science and Technology Committee, Robotics and artificial intelligence, 2016.
（http://www.publications.parliament.uk/pa/cm201617/cmselect/cmsctech/145/145.pdf）（二〇一九年三月三一日確認）
Husserl, Edmund, *Cartesianische Meditationen*, A. Colin, 1931.　浜渦辰二（訳）『デカルト的省察』岩波書店、二〇〇一年
IEEE, Ethically Aligned Design, First Edition, 2019.
（https://ethicsinaction.ieee.org/）（二〇一九年三月三一日確認）
Iyengar, Sheena. *The Art of Choosing*, Twelve, 2010.　櫻井祐子（訳）『選択の科学：コロンビア大学ビジネススクール特別講義』文藝春秋、二〇一〇年
Jensen, Casper Bruun. and Blok, Anders, "Techno-animism in Japan" in *Theory, Culture & Society*, Vol. 30, No.2, 2013, 84-115.
Maturana, Humberto R. and Varela, Francisco J., *Autopoiesis and Cognition: the Realization of the Living*, D. Reidel Publishing Company, 1980.　河本英夫（訳）『オートポイエーシス：生命システムとはなにか』国文社、一九九一年
Reeves, Byron. And Nass, Clifford. *The Media Equation*, Cambridge University Press, 1998.　細馬宏通（訳）『人はなぜコンピューターを人間として扱うか：「メディアの等式」の心理学』翔泳社、二〇〇一年
RoboLaw, Guidelines on Regulating Robotics, 2014.
（https://slidelegend.com/guidelines-on-regulating-robotics-robolaw_59b1c351723dd2ca91c7e54.html）（二〇一九年三月三一日確認）
Sullins, John P. "When Is a Robot a Moral Agent?" in *International Review of Information Ethics*, Vol. 6, 2006, 23-30.

Uexküll, Jakob von. and Kriszat, Georg. *Streifzüge durch die Umwelten von Tieren und Menschen*. Fischer, 1970. 日高敏隆＝野田保之（訳）『生物から見た世界』思索社、一九七三年
Varela, Francisco J., "Autopoiesis and a Biology of Intentionality," in Autopoiesis and perception: A workshop with ESPRIT BRA 3352, eds. McMullin, B., Murphy, N., Dublin City University, 1992, 4-14.
Varela, Francisco J., *Principles of Biological Autonomy*, North Holland, 1979. 染谷昌義＝廣野喜幸抄訳「生物学的自律性の諸原理」『現代思想』二九巻一三号、二〇〇一年、六二-一一七頁
Wallach, Wendell. and Allen, Colin, *Moral machines: teaching robots right from wrong*, Oxford University Press, 2009. 岡本慎平＝久木田水生（訳）『ロボットに倫理を教える：モラル・マシーン』名古屋大学出版会、二〇一九年
Wiener, Norbert, *God and golem, inc.: a comment on certain points where cybernetics impinges on religion*, M.I.T. Press, 1964. 鎮目恭夫（訳）『科学と神：サイバネティイックスと宗教』みすず書房、一九六五年

第Ⅰ部　自律性とはいったいなにか

第一章　生命の自律性と機械の自律性

西田洋平

一　ＡＩ時代に何を問うべきか

ＡＩ時代に問うべき真の問題とは何だろうか。

テクノロジーによる失業問題は人気が高い。我々は、ＡＩやロボットに奪われるとされる職種のリストに一喜一憂している。「X年後には、人間の仕事の〇％が機械に取って代わられる」というタイプの分析も数多い。人間の仕事が機械に代替されることによって出現する新たな法的、倫理的問題も無視できない。自動運転車が絡む事故の責任問題や、医療ＡＩによる誤診の問題などがその典型である。過誤ではなく、我々を傷つけることを目的とする機械の開発、つまり、ＡＩやロボット技術の軍事的応用も、深刻な懸念を生み出している。

とはいえ、こうしたリアルな脅威ほど、実際に自分の身に降りかかるまで、どこか他人事で済ますことのできる問題でもある。事前にさまざまな対策を講じることもできるだろうし、過渡期には混乱が生じるとしても、いずれ新たな社会的秩序が形成されていくだろう。産業革命以来、多くの仕事が機械に代替されてきたが、同時に新たな仕事が生み出されてきたし、技術的進歩に応じたルール改定も常に行われてきた。核兵器のような想像を絶する脅威とも、すでに半世紀以上、我々はひとまず共存できている。

ＡＩ時代の特徴は、こうした脅威にあるのではない。むしろ、これとは全く異質の脅威に、我々一人ひとりが晒されていることにある。ＡＩやロボットが普遍化する結果として引き起こされる問題は、深刻ではあるが、人類がこれまでも経験してきた類の問題にすぎない。真に新たな問題は、結果ではなく存在そのもの、ＡＩやロボットと呼ばれる存在が現にあるということそれ自体が、我々を我々たらしめていると思われてきた何かを脅かしていること、少なくともそうした認識のなかにある。それは漠然としていて捉えどころがないが、そのためにかえって対処することの難しい不安をもたらしている。しかも、好むと好まざるとにかかわらず、人間である限り、我々一人ひとりがすでにこの問題の当事者なのである。

しかし、この漠然とした脅威の感覚は、本当に妥当なものだろうか。ＡＩやロボットが真に脅威であるとしたら、それはなぜだろうか。これは、「我々を我々たらしめているものとは何か」という問い、あるいはその前段としての、「どのような観点からそれにアプローチすべきか」という問いでもある。

我々を含む地球上の生物は、炭素と水素を主な元素とする有機化合物、特に核酸、タンパク質、脂質、糖といった高分子を素材として形づくられている。かつてはそうした有機化合物の特性として生気論が擁護されたこともあったが、生命科学の発展した今日では、そうした素材そのものに我々の固有性を託すことはほぼ不可能である。有機化合物といえどもただの物質である。たとえタンパク質で作られた自動車が存在したとしても、それはあくまで自動車であって、我々の固有性を脅かすものとは考えられない。ＤＮＡ至上主義者であれば、ＤＮＡが我々を決めていると主張するかもしれないが、ＤＮＡもただそこに存在するだけではただの物質である。その点では、タンパク質と何ら変わりない。

では、外見が人間にそっくりなアンドロイドは、真の脅威といえるだろうか。メディアを賑わすことも多いそうしたアンドロイドは、人間の存在感がいかに外見に左右されるものであるかを示す例としては、非常に興味深いものではある。しかしそれが外見だけであるならば、ただ精巧な人形である。脅威かどうかという意味では、文字どおり「見かけ倒し」と言うべきだろう。見かけ上の動きを模倣しようとする例もあるが、基本的には同じである。人間のように歩いたり、魚のように泳いだりするロボットは、特に軍事転用の可能性に恐ろしさがあるとはいえ、やはりそれ自体としてはうまく設計された一種の人形にすぎない。動きの精巧さだけでは、我々という存在に正面から問いを投げかけるものとは言いがたい。

第三次ＡＩブームをもたらしたニューラルネット研究は、神経系をコンピュータで模倣しようとする試みに端を発している。これは、神経系の構成単位であるニューロン（神経細胞）の活動を論理的にモデル化した「形式ニューロン」を多数組み合わせることで、知性を実現しようという考え方である。ニューラルネット研究の信奉者のなかには、人間のニューロン数と同程度の形式ニューロンをもつコンピュータを作れば、人間の知性を実現できると考える者もいる。しかし単純にニューロン数でいえば、人間よりもゾウやクジラのほうがはるかに多い。ニューロンという構成単位の数によって我々の知性が決定されているという考え方は、明らかに素朴すぎる。

それでは、ＡＩやロボットのできること、つまり、それらの機能という点で評価するのがよいだろうか。特定の機能として人間の代わりを務められるようなＡＩは、セラピストの真似事をするＡＩから大学入試問題を解くＡＩまで、多種多様なものが作られている。しかしそれらを具体的に見てみれば、対話する人間の側の解釈能力に依存していたり、蓋然性を判断するためのビッグデータに依存していたりして、ＡＩそれ自体が知的であるとは必ずしもいえないものも多い。この意味で、機能という観点も見かけ倒しであることが少なくないのである。

「人類を滅ぼす」と宣言した冗談のようなチャットロボットが存在するが、したがってそれも、まず恐れるには値しない。ただし、それが真の脅威となる場合がある。このロボットが自らの意思で、言い換えれば、「自律的」にそう発言したと思われる場合である。先に言及した人間や動物のように動くロボットも、その動きがもし「自律的」に現れているのだとしたら脅威となり得る。実際、転ばされそうになっても、それに対抗する意思をもっているかのように踏ん張る動物型ロボットが存在するが、その動きはかなり不気味である。同様に、形式ニューロンからなるコンピュータが「自律的」に何かを判断したり、核酸やタンパク質から作られた人工細胞が「自律的」に動き出したりしたら、相当の脅威を感じるだろう。

こうしてあぶり出されてくるのが、本書のテーマである「自律性（autonomy）」である。しかし、自律性は抽象的で曖昧な概念である。あるものが自律的であるか他律的であるか、どのように判断したらよいだろうか。自律型と謳われるロボット掃除機と、人間や生物との間には、何か違いがあるのだろうか。素材や外見、構成単位や機能でもないとしたら、それはどのような観点からアプローチできるのか。

自律、他律という言葉からすれば、焦点となっているのは「律し方」である。本章ではこれを「制御の仕組み」あるいは「制御機構」としてひとまず理解しよう。機構（mechanism）は、そのまま「メカニズム」と言ってもよい。つまり、自律性や他律性は、制御のメカニズムという観点において、結果としてみえてくる性質であると捉えるのである。

我々に対する脅威という点では、ＡＩやロボットが自律的であろうと他律的であろうと、実は大差がない。これまでは、「我々を我々たらしめているものは自律性である」という認識が暗黙のうちに成立していたと言えるだろう。その後、ＡＩ時代に突入した我々が置かれている状況は、次のいずれとも理解できる。一つは、我々と同じように自律的な機械が出現することで、我々に固有なものと思われてきた自律性が脅かされている状況、もう一つは、自律的にみえるが実は他律的な機械が出現することで、我々自身も実は他律的な機械にすぎないのではないかという疑念が生まれている状況である。前者は、我々も機械も自律的であるという認識によっており、後者は、我々も機械も他律的であるという認識によっている。いずれにしても、問題は我々と機械が現実として同一視され始めていることである。我々とＡＩやロボットのような機械が、制御のメカニズムという点において同じかもしれないということが、ＡＩ時代に特有な脅威となっているのである。

ここで一つ補足しておかなければならないのは、メカニズムという言葉は「機械論」とも訳せるということである。自律性や他律性の問題は、我々自体の存在様式が賭けられている問題であり、本来は、機械論を採用することの是非から論じる必要のある問題である。にもかかわらず、ここでは制御のメカニズムとして問うことで、自律性や他律性に対する機械論的アプローチが前提とされてしまっているわけである。

これでは我々と機械の同一視がすでに予定されているようにみえるかもしれない。実際、漠然とであれ、機械論が前提とされているからこそ、この時代の脅威が醸成されているのである。しかし機械論を前提としたとしても、我々が機械と同じような機械であるとは限らない。つまり、我々が人工的機械と同じような機械であるとは限らない。むしろ、徹底的に機械論的にアプローチすることで、我々と人工的機械との違いがはっきりとしてくるという可能性もあるのである。

本章における機械論の採用は、この時代の議論として一般に受け入れられやすいという意味で「正面から問う」ためであり、通常いわれるような「曖昧さを排して」議論を進めるための一種の戦略である。そういう戦略をとらざるをえないということそれ自体が、機械文明の頂点へと進みつつあるこの時代が抱える問題を示しているとも言えるが、ここでは時代に対する一つの譲歩として、このまま議論を進めることにしよう。

二　オートポイエーシス論の前提と目的

結論を先取りするわけではないが、機械論を採用しつつも、我々と機械は異なるという結論へと至る道が一つだけある。我々とＡＩやロボットのような機械は、異なるタイプの機械であるということを示す道である。それを実際に示してみせたのが「オートポイエーシス論」(Maturana & Varela, 1980) である。

オートポイエーシス論は、チリの生物学者、ウンベルト・マトゥラーナとフランシスコ・ヴァレラによって一九七〇年代初頭に発表されたシステム論の一種である。システム論としては、ノーバート・ウィーナーの「サイバネティクス」(Wiener, 1948) の系譜に位置づけられるが、オートポイエーシス論の登場によってそのシステム観が一変したことから、今日ではむしろ「ネオ・サイバネティクス」と呼ばれる新しい潮流の中核理論として、それ以前のシステム論との懸隔が強調されている。

オートポイエーシス論は、一九八〇年代に社会システム論に本格導入されたことで、以前に比べ広く知られるようになった。とはいえ、オリジナルの議論は極めて難解なことでも有名である。これは、理論の前提と目的が正しく理解されていないことにも起因している。そこで本章では、議論の詳細に入る前に、まずこの二点を確認しておこう。

オートポイエーシス論における議論の直接的対象は、生物、特にその基本単位としての細胞である。マトゥラーナとヴァレラは生物学者であり、自然科学者であるから、その議論の前提は原則として機械論である。実際、彼らは「生命システムは機械だ」(Maturana & Varela, 1980: 76＝1991: 67) と主張して憚らず、物理的世界に存在しない力や原理を認める生気論や、目的概念を使って説明を試みる目的論を否定する。そもそも機械論は、一七世紀のいわゆる科学革命を通じて広まった自然科学の大前提であり、特に生物学の文脈では、生気論や目的論に対立するものとして理解されているから、これは至極妥当の態度である。

加えて、オートポイエーシス論がシステム論であることも関係している。システムという言葉は、対象をその構成素に還元するのではなく、システム全体としての機構、メカニズムに注目することを含意している。自然科学が機械論だとすれば、システム論はより機械論的な機械論であるといってもよいかもしれない[(1)]。オートポイエーシス論が機械論であることは、システム論の嚆矢であるサイバネティクスから継承されている既定路線でもあるということである。

それでもなお、機械論であることが強調されるのはなぜかといえば、一つには、自然科学のなかでも生物学は特に目的論や生気論と親和性が高いからである。オートポイエーシス論の提唱時にマトゥラーナとヴァレラが懸念していたのは、目的や機能、そして特に今日でも持て囃されている情報といった概念が、生命システムを規定する概念であるかのごとく不用意に使われていたことにある（Varela, 1981: 36-37）。実はこうした概念は必ずしも機械論と矛盾するものではなく、彼ら自身も説明様式としてのそれらの有用性は一部認めてもいるのだが、それでも生命システムは「純粋に機械論の概念（purely mechanistic notions）」[2]（Maturana & Varela, 1980: 116＝1991: 131）によって説明可能であり、第一義的には機械論で説明すべきであるというのが彼らの主張である。

機械論であることが強調されるもう一つの理由は、逆説的ではあるが、より本質的である。オートポイエーシス論は、通常の自然科学では等閑視されている「観察者」の視点が意識された認識論的理論である。一般に自然科学では、観察者に依存しない客観的、絶対的な記述が無条件で存在すると思われている。しかしオートポイエーシス論では、客観的といわれる記述でさえ、観察者によってなされるものであることが意識される。「語られることはすべて観察者によって語られる」というフレーズが意味することの一つはそれである[3]。

（1）Maturana & Varela（1980）では、構成素の特性を重視する立論を静的（statical）、構成素をつうじて実現されるプロセスを重視する立論を機械的（mechanical / machine like）と表現している。ここでも自然科学的な意味での機械論よりも限定した形で「機械」という言葉が用いられていることがわかる。

（2）訳書では「純粋に力学的な概念」。

だからこそ、逆説的ではあるが、オートポイエーシス論では、システムそのものの存在領域と、観察者の記述の領域との区別が意識され、基本的には後者の排除が目指される[4]。通常の表現では、前者は機械論的、客観的記述の領域であり、後者は、目的論的だったり、生気論的だったり、機能的だったりするような、いわば主観的記述の領域である。つまりオートポイエーシス論は、自然科学だからといって安易に機械論を前提としているのではない。より大きな認識論的観点を踏まえた上で、あえて機械論であろうと努めているといったほうが正確である。

それでは、オートポイエーシス論の目的は何だろうか。議論の対象が生物、特に細胞であることはすでに述べた。それに対して機械論的、システム論的アプローチがなされることも明らかだろう。これらを組み合わせれば、答えは自明である。端的に言えば、「生命システムのメカニズム」を明らかにすることが、オートポイエーシス論の目的である。

オートポイエーシス論で実際に掲げられている最も根本的な問いは、「生命システムの有機構成とはなにか」(Maturana & Varela, 1980: 76＝1991: 67) というものである。「有機構成」という言葉は聞き慣れないかもしれないが、organization の訳語であり、「組織」や「組織化」、あるいは単に「構成」と訳すこともできる。これは、「機械に単位体としての輪郭をあたえ、単位体として行う相互作用や変換のダイナミクスを規定する諸関係」(Maturana & Varela, 1980: 76＝1991: 67) と定義されている。

ポイントは、部分的なメカニズムではなく、生命を一つのシステムとしてまとめあげ、そのあり方を規定している全体的なメカニズム（構成素間の諸関係）が問われているということである。つまり、先ほどの根本的な問いは、「生命システムはどのように組織化され（organized）ているか」と言い換えることができる。

組織化あるいは構成と対になる言葉は、「構造（structure）」である。構造は、「特定の空間で実際の機械を統合している各構成素に、現実に働いている関係」（Maturana & Varela, 1980: 76＝1991: 67）と定義されている。

マトゥラーナとヴァレラは、水洗トイレの水位調整システムを例にこれを説明している[5]（Maturana & Varela, 1987＝1997: 58）。この場合の構成は、水位を探知する仕掛けと、水の流れを止める仕掛けの関係である。この二つの仕掛けがうまく組織化されているからこそ、このシステムは水位調整システムとして成立している。それに対して構造は、こうした仕掛けを実際に形作っているフロートやバルブに相当する。このシステムがそれとして成立するためには、構成を変えることはできないが、構造に当たるフロートやバルブは、たとえばその素材をプラスチックから木に置き換えるといった変更を許す。

生命システムの場合も同じである。序章で述べられていたように[6]、人間の身体を形作っている細胞の多くは数ヶ月で入れ替わる。しかしいくら細胞が入れ替わっても、同じ人物の身体としての全体性は保たれている。これは細胞という構造が変化しても、一人の人間の身体としての組織化あるいは構成は不変であるということに対応づけられる[7]。細胞の場合も同様である。その構成素は時々刻々と変化し、実際の細胞としての現実化のかたちは千変万化するが、細胞という単位体としてあるということは変わらない。

（3）もう一つは、まさにこのオートポイエーシス論自体も「観察者」によって語られているということである。ネオ・サイバネティクスのネオ・サイバネティクスたる所以はそこにあるのだが、本章では紙幅の都合で詳細は省略する。

（4）当然ながら、この議論そのものによって、前者を観察者によらない領域であるかのように表現するのは誤りであり、厳密に言えば前者も後者の一部であるという批判は正しい。当初のオートポイエーシス論ではこの辺りの議論が未成熟であったが、のちに省みられている。詳細は、西田（2010: 125-126）参照。

（5）構成と構造の定義は論考によって微妙に異なるが、この例は構成と構造の違いを理解するためのものとしては支障がない。

（6）本書二四頁

つまり、重要なのは構成であって構造ではない。同じ構成でも、さまざまな構造を持ちうるからである。だからオートポイエーシス論で問われているのは、構造ではなく、構成なのである。

オートポイエーシス論によれば、生命システムの構成は、他の機械とは全く異なるという。生物は極めて特殊な機械であるというわけである。ではどのように異なるのか、それが本題である。

三　オートポイエーシスの結果としての自律性

オートポイエーシス論の根本的な問いは、「生命システムの構成とはなにか」であった。その答えとして提示されるのが、「オートポイエーシス（autopoiesis）」という概念にほかならない。これはギリシャ語からの造語で、auto は「自己」、poiesis は「制作」を意味している。

オートポイエーシスという構成をもつ機械（オートポイエティック・マシン）の厳密な定義は、序章で述べられているとおりである[8]。少々わかりにくいが、構成素間の産出プロセスのネットワークとして組織化され、組織化され続けるシステムがオートポイエティック・システムである。ポイントは、構成素が相互依存的に関係することで、プロセスのネットワークを作り出していること、と同時に、このプロセスのネットワークによって、構成素が産出されていることである。構成素とネットワークが互いに互いの存在の条件を作り出している。端的に言えば、自分で自分を作るシステムがオートポイエティック・システムである。

主として想定されている細胞を例に考えてみよう。細胞の構成素は、核酸、タンパク質、脂質、糖といった生体高分子と、それらの一部ともなる有機低分子、それから水分子と各種の無機化合物である。それらは密に相互作用しており、その産出、変形、破壊といった生化学的プロセスの複雑なネットワークを形成している[9]。

一般に生物学では、この生化学的ネットワークを代謝と呼んでいる。細胞の代謝は、極めて精巧に統合、調整されている。一例として、大腸菌によるラクトース（乳糖）の分解について述べてみよう。

ラクトースの分解酵素は、普段はその産出が抑制されている。分解酵素の合成に関与するＤＮＡの特定部位に、抑制タンパク質が結合しているからである。ところが、細胞内にラクトースが存在すると、ラクトースが抑制タンパク質と結合し、抑制タンパク質の構造変化が生じてＤＮＡに結合できなくなる。すると、このＤＮＡからラクトースの分解酵素の合成が開始される。つまり、抑制が解除されるのである。その結果として、ラクトースの分解が進むことになる。[10]

面白いのは、このとき、ラクトースを細胞内に取り込むタンパク質の合成も一緒に開始されることである。つまり、ラクトースの存在によって、ラクトースの取り込みと分解が急速に進行するのである。[11] ラクトースが刺激となって、こうした生化学的プロセスの連鎖としてのネットワークが作り出され、そのネットワークによってラクトースの取り込みがさらに進む。これは細胞の代謝のあくまで一部であるが、構成素がプロセスのネットワー

（7）厳密には、身体と細胞の関係をオートポイエーシス論的に捉えるには留意が必要だが、ここでは省略する。
（8）本書一八頁
（9）現在判明しているだけでも、このネットワークの複雑さは驚嘆に値する。たとえば以下を参照。Roche Biochemical Pathways 4th Edition http://biochemical-pathways.com/#/map/1（二〇一九年三月三一日確認）
（10）こうした事実だけからしても、ＤＮＡという物質の存在に生命現象のすべてを帰するのは無理があることがわかるだろう。
（11）ラクトースを細胞内に取り込むタンパク質の合成が始まらないうちに、なぜラクトースが細胞内に取り込まれているのかと訝しむ読者もいるかもしれない。これは、このタンパク質の合成抑制が完全ではないからであり、同タンパク質は少数ながらつねに存在しているからである。

クを作り出し、そのネットワークによって構成素が産出される、という組織化の仕方を垣間見ることができる。もちろん、実際にはもっと複雑である。たとえばこのラクトース分解にしても、グルコース（ブドウ糖）とラクトースが両方存在するときは抑制されたままである。大腸菌はグルコースを主として利用しており、ラクトースはいわば非常食だからである。グルコースの存在下ではまた別の、しかし関連した制御機構によって代謝は調整されている。細胞では一事が万事、こうした組織化がなされているのである。

こうしたプロセスのネットワークを通じて、現実の空間内に具体的な単位体として実現している機械が細胞である。こうして細胞が実現していることが、同時に、この細胞の構成素の存在の条件となっている。細胞の構成素は、まさにこの細胞のさまざまなプロセスを通じて産出、変形、破壊され、またそのことによって、このプロセスのネットワークを再生産しているのである。

オートポイエーシスと呼ばれるこうした構成の結果として、オートポイエティック・システムは次の四つの性質をもつことになる（Maturana & Varela, 1980: 80–81 = 1991: 73–75）。

第一に、オートポイエティック・システムは「自律的（autonomous）」である。オートポイエティック・システムは、構成素間の産出プロセスのネットワークとして組織化されているシステムである。この組織化は何によってなされているのかといえば、つまるところ、当のシステムによってである。オートポイエティック・システムは、自分自身を組織化し続けているがゆえに自律的であるということである。

これに対してアロポイエティック（allopoietic）なシステム、すなわち、それ自身とは異なるものを産出するシステムは、自律的ではなく、他律的である。たとえば自動車は、物質面のみで考えれば、燃料から二酸化炭素と水蒸気を作る機械といえる。生産物である二酸化炭素と水蒸気は、もちろんそれを作る自動車と同じではない。自動車はそれ自身とは異なるものを作ることに従属させられているということである。オートポイエティック・

システムは、それ自身の生産に従属させられていると言ってもよいが、従属させるものはそれ自身なのだから、つまりは自律的である。

オートポイエティック・システムの第二の性質は、個体性ないし自己同一性である。オートポイエティック・システムは、自分で自分を作るシステムであるから、観察者との相互作用とは無関係に「同一性を保持する(have individuality)」。作動によって自らを作り出しつづけることで、他のものと区別されつづける。

一方、アロポイエティック・システムの同一性は、観察者に依存する。生産物がそれ自身と異なっているから、システムの作動からその同一性を規定できないのである。たとえば、故障した自動車を修理したら、八割の部品がかわったとしよう。これはもとの自動車と同じだろうか。それを決めるのは観察者である。

あるいは、他と区別される個体性、個別性で考えてもよい。Aさんの自動車とBさんの同じ車種の自動車が異なるのは、それぞれの自動車の所有者が観察者としてそう見ているからである。もしそれらが傷ひとつない新車なら、こっそりすり替えてもわからないだろう。それに対して双子の入れ替えは、たとえ全員をだませたとしても「本当は違う」ということは理解されるし、何より当の本人たちが、自分がどちらであるかわからなくなるということは決してない。

第三に、オートポイエティック・システムは全体として一つの「単位体(unities)」である。単位体であることは存在のための唯一の条件であるが、自ら単位体になるのがこのシステムの特徴である。

これは、自己産出のプロセスのなかで自らの境界を決定している、と表現することもできる。境界の自己決定とは、システムのダイナミクスとその位相的な境界との相互関係のことである。細胞の構造としては、代謝と細胞膜の関係に相当する。誤解を恐れずに言えば、ボトムアップとトップダウンの相互関係と言ってもよい。

それに対してアロポエティック・システムは、観察者によって境界が定められる。自動車は観察者によらず単位体としてそこに存在すると思われるかもしれないが、それは素朴実在論的な見方である。自動車の境界を定めるのは観察者であり、当の自動車ではない。たとえばカーナビ付きの自動車を、それとして単位体とみるか、単位体にカーナビという付属品がついたものとみるかは、観察者に依存する。

最後の「入出力をもたない（do not have inputs or outputs）」という性質は、オートポイエーシス論を難解にしているものであるが、とりあえずここでは次のように理解しよう[12]。オートポイエティック・システムは、外部からどのような変化がもたらされようとも、存在可能な限りは自らの構成素を産出し続け、それによってシステムとして成立している。産出関係のネットワークとして閉じているから、システムとしては入出力を問う意味がない。オートポイエティック・システムをアロポイエティック・システムのような入出力をもつシステムとして観察することもできるが、それは観察者からはそう見ることもできるというにすぎない。

オートポイエーシスという構成の結果として現れる、上記四つの性質のうち、最も基本的な性質が自律性である。我々のような生物を自律的システムとしているメカニズムこそ、オートポイエーシスにほかならない。興味深いことに、先の大腸菌のラクトース分解に関する研究で有名になった生物学者のジャック・モノーは、細胞におけるそうした制御の仕方が化学的には「無根拠」（Monod, 1970＝1972: 89）であることを強調し、そこに生物に特有な自律性の起源を見ている。生物学者らしく、彼はその究極的源泉として分子の構造を見たが、オートポイエーシス論の視角からすれば、モノーの言う無根拠性は、むしろオートポイエーシスという構成によって出現している自律性の一表現である。

四　制御の制御による閉鎖系

オートポイエーシス論によって、生物は少なくとも自動車のような機械とは全く異なるタイプの機械であることが明らかになった。しかしここまでの議論では、我々と、ＡＩやロボットのような「自律的」といわれる機械との違いは、まだ明らかとは言いがたい。自律的に判断を行うとされるＡＩや、自律型と謳われるようなロボットは、どのような意味で自律的なのだろうか。

オートポイエーシス論はネオ・サイバネティクスの中核をなしているが、ネオ・サイバネティクスという新しい潮流の土台を準備し、これをサイバネティクスからの大転換として明確に意識したのは、物理学出身のハインツ・フォン・フェルスターという人物である。彼の議論は、自律性という概念をより明確にするのに有用であるだけでなく、オートポイエーシス論をさらに深く理解するための補助線にもなる。

ここでキーワードとしたいのは「制御（regulation）」である。先に、自律性や他律性は、制御のメカニズムという観点において見えてくる性質であると述べた。サイバネティクスにおいて制御とは、関数によって実現されるものである[13]。

たとえば、ある入力ｘに対し、ｆという処理を行い、ｙという出力を行う機械を考えよう。この機械の働きは、

---

(12) 入出力の不在は、実際には、後に定式化された構造決定主義を採用することからくる帰結であって、オートポイエティック・システムが構造決定主義の採用を促すとはいえても、オートポイエーシスという構成ゆえの性質としてこれを位置づけるのは正確でないと思われる。詳細は別稿に譲る。

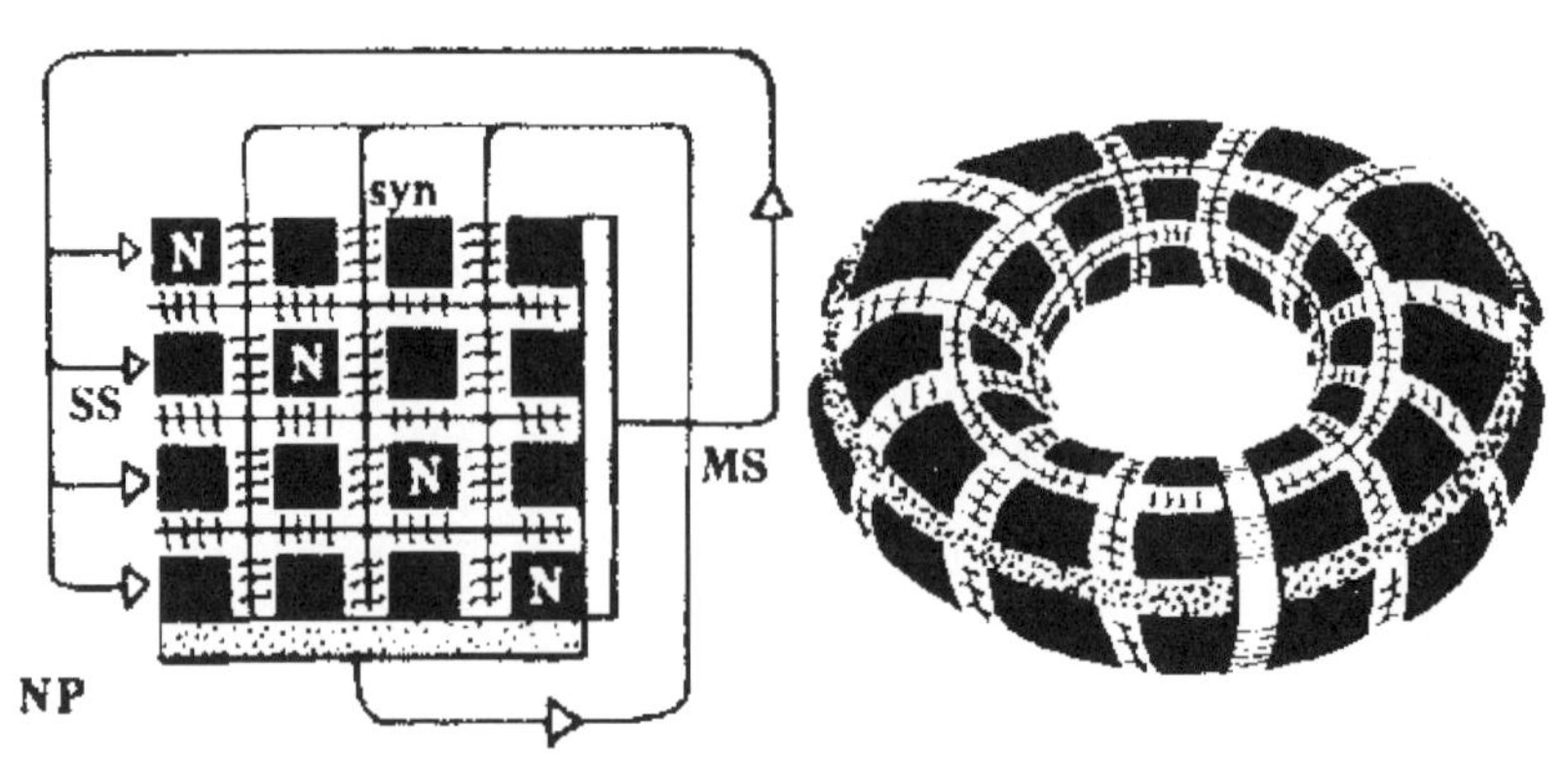

図1-1　感覚運動系（横方向のフロー）とシナプス・内分泌系（縦方向のフロー）の複合として捉えられた神経システム（Foerster, 1973＝2003: 225-226）。一方の再帰的フローがそれと直交するもう一つの再帰的フローによって制御されており、互いに互いを制御する関係が成立している（左図）。この組み合わされた二つの再帰的フローを立体で表現すると、トーラス（ドーナツ）状になる（右図）。

y＝f(x)という数式で表せる。xとして何かを入力すると、yとして何かが出力される。この入出力関係を決めているのが関数fである。つまり、この機械は関数fによって制御される他律的な機械である。

フェルスターが考えたのは、この関数が変わるような機械である。それには関数の関数、数学的にいえば、汎関数が必要である。汎関数は関数形を決める関数だから、制御を制御する関数といえる。

これをさらに進めて、関数の関数の関数、関数の関数の関数の…と考えていくことも可能である。ただしそれだけでは、制御のメカニズムが一段ずつ外側に加わっていくにすぎない。決定的な違いは、関数同士をループ状に組み合わせることで生じる。関数Aが関数Bの形を決定し、関数Bが関数Aの形を決定するような関係である。

フェルスターはその具体形として、生物の感覚運動系とシナプス・内分泌系の複合としての神経システムを考えている（図1-1）。左図では、横方向が感覚運動系、縦方向がシナプス・内分泌系である。そのそれぞれの出力は、自身の入力として返されている。感覚運動系を例にとれば、入力が感覚、出力が運動であり、出力が入力に返されるとは、運動の結果が感覚として感知されるということである。この感覚に応じて、再び出力として運動が生じ、以下同様に再帰的なフローが続く。

個々の再帰的フローはそれぞれ関数によって制御されていると捉えることができるが、肝心な点は、この関数同士が、互いに相手の関数形を決定し合うような関係として、組み合わされていることである。一方の再帰的フローとしての入出力の制御が、それと直交するもう一つの再帰的フローによって制御される関係である。感覚運動系はシナプス・内分泌系を制御し、シナプス・内分泌系は感覚運動系を制御するというわけである。

結果として、互いに制御を制御し合う、大きな閉鎖系が出現している。全体としてみれば、これは自分で自分を制御する「自己制御（self-regulation）」のかたちである。フェルスターはここに「制御の制御（regulation of regulation）」の同義語としての自律性を見ている（Foerster, 1973＝2003: 225-226）。

この議論は、我々と「自律的」といわれる機械との違いを示唆している。具体例として、ここではロボット掃除機について考えてみよう。

「自律的」なロボット掃除機は、一定の速度で動いて掃除するよう制御されている機械である。[14] 単にまっすぐ

(13) サイバネティクスのように機械の製作が念頭になくとも、一般に自然科学では、観察者に依存しない客観的、絶対的な記述が可能であると信じられているから、どんな対象にも関数を見出す努力がなされ、それによって制御されているものとして理解される。このように素朴な自然科学的立場を固守すれば、生物や人間を含め、どんな対象も他律的にみえる（少なくとも、まだ見ぬ「正しい」関数を求めて、努力を続けることができる）。オートポイエティック・システムをアロポイエティック・システムのようにも観察することができるのは、このためである。

(14) 以下の記述はロドニー・ブルックスのサブサンプション・アーキテクチャを意識しているが、制御の制御を理解するための例としてわかりやすくしてある。

動くだけでなく、壁にぶつかれば適当に方向を変え、部屋中を動き回るように制御されている。これはまっすぐ動くという単純な制御が、その上のレベルでさらに制御されているといえる。多くのロボット掃除機には、さらにゴミの量を検知して速度を調整する機能がある。これは先の動き方全体の制御であるから、制御の制御の制御に相当する。さらに、バッテリー残量が少ないときは、自動的に充電装置まで戻る機能があるとしよう。これはゴミの量によらずそうであるはずなので、制御の制御の制御の制御にあたる。以下同様に、さまざまな制御を想定することができるが、このようなロボット掃除機は「自律的」といえるだろうか。

結論からいえば、前記のようなロボット掃除機はいずれも他律的である。制御の制御の段階では、制御のレベルが一段上がっているだけで、上のレベルの制御はすでに決定されている。したがって他律的である。制御の制御の制御でも、制御のレベルがさらに一段上がるだけだから、やはり他律的である。制御の制御の制御の…といくらさかのぼっても、同様に制御のレベルが上がっていくだけで、最後は他者によって制御されているから、やはり他律的である。

つまり、自律性にとって本質的なことは閉じることである。制御の制御をいくらさかのぼっても、閉じなければ意味がない。フェルスターは「制御の制御」を自律性の同義語としているが、そういうだけでは語弊がある。正確には、「制御の制御による閉鎖系」が自律性（ラディカル・オートノミー）と同義語関係にあるというべきである。

確かに、多段階の制御が行われている機械ほどより柔軟に作動するため、我々がそこに「自律性」を見て取る可能性は高くなる。これを利用して、制御の段階数と関連づけた「自律性」の尺度を導入することも不可能ではないかもしれない。しかし、そうした意味で「自律的」な機械と、制御の制御による閉鎖系との間には、尺度では表現できない断絶がある。閉じているかどうかという基準で考えれば、0か1しかないからである。

これまでに作製されてきた機械は、いずれもあくまで「見かけ上の自律性」をもつ機械である。なぜなら、制御の制御の…とさかのぼっていったときの一番上のレベルは、現在のところ必ずそういう制御を行うプログラム自体になるからである。どんなに優れた制御機構でも、そのプログラムはプログラマーによって作られている。プログラムを作るプログラムも、それ自体はやはりプログラマーによって作られたものであり、親となるプログラムがプログラマー以外から制御されることはない。

なお、この議論を設計者の有無や制御の意図の有無として理解するのは早計である。最初はお膳立てされた制御機構であったとしても、その制御を制御することで超えていくシステムも考えられなくはない。あくまでも閉じているかどうか、制御の制御による閉鎖系が形成されているかどうかがポイントである。

いずれにしても、世に存在する「自律的」機械は、いまのところすべて他律的である。自動運転車も医療ＡＩもチャットロボットも、「自律的」に見えたとしても、実際には（つまりシステムそのものの存在領域においては）他律的な機械である。学習する機械も例外ではない。学習は、それより上のレベルのどこかで制御の仕方が決められていて、その与えられた範囲での最適解を求めているにすぎない。

対して、制御の制御による閉鎖系では、プログラムするものとされるもの、プログラマーとプログラムが一致する。このようなメカニズムを備えているのは生物だけではないが、生物は明らかにそうしたシステムである。

オートポイエティック・システムが自分で自分を作るシステムであったことを思い出してほしい。細胞の構成素は細胞自身のさまざまなプロセスを通じて産出され、またそのことによってこの産出プロセスのネットワークを再生産している。生命システムは、このオートポイエーシスというメカニズムによって、自分自身を組織化し続けている。制御の制御による閉鎖系が、オートポイエーシスとして端的に実現しているのである。

こうしてみると、オートポイエーシスという概念の真価は「産出」にあることがわかる。とりわけ細胞システムでは、この産出は物質の産出である。自己の境界も、細胞膜という物理的境界として産出している。自分で自分を産出することによって、何とどのように相互作用するかを自分で決めているのである。細胞という構造自体が一種のプログラムであり、またプログラマーであるといってもよい。そうして自らを物質的な単位体として出現させると同時に、自らの産出プロセスを再生産しているのである。

五　観察者の記述の領域

ＡＩ時代の現在、一般に広く信じられているのは、このままテクノロジーが進歩していくことで、いずれ真に自律的な機械が出現するということではないだろうか。現在のＡＩやロボットは発展途上にあり、真に自律的な機械へと至る中間形態であるという理解である。

しかし、フェルスターの議論を介して明らかになったのは、自律性（ラディカル・オートノミー）と他律性の根本的な断絶である。現在の機械の制御機構と制御の制御による閉鎖系との間には根本的な断絶がある。制御のメカニズムは閉じているか開いているかのどちらかしかなく、中間的な形態を考えることができない。したがって現在のテクノロジーの延長線上で、段々と迫ってくるような脅威は存在しないのである。

中間的なシステムを否定するのは、オートポイエーシス論も同じである。「オートポイエーシス・システムの成立は、漸進的プロセスではない。システムはオートポイエティックであるかないかのどちらかである」（Maturana & Varela, 1980: 94 = 1991: 94–95）。

オートポイエーシス論が優れているのは、中間的なシステムの正体に関して、さらに論考が加えられているところである。彼らの言葉を借用すれば、中間的なシステムは、「観察者の記述の領域」においてのみ成立する。

観察者は中間的なシステムを描くことができるが、それはオートポイエティック・システムになぞらえられるような別のシステムを記述の領域で想定しているからである。

マトゥラーナとヴァレラは、触媒反応のプロセスについて語っている（Maturana & Varela, 1980: 94＝1991: 95-96）。これを一つの手がかりとして考えてみよう。

現在でも、特定の触媒反応が前生命的プロセスとして喧伝されることがある。これは、それが生命に至る前の中間的なシステムとして捉えられていることを示唆している。たしかに、自動的に進む触媒反応のプロセスは、オートポイエティックであるようにもみえる。

しかし、それは触媒反応のプロセスを一定の空間内にとどめている容器の存在を無視しているからである。容器を無視する観察者には、そう見えるというだけである。実際には、触媒反応のプロセスは容器によって規定されているから、これはオートポイエティック・システムではない。にもかかわらず、観察者はその記述の領域において恣意的に容器を無視し、システムとして捉えているわけである。ちなみに、触媒反応のプロセスと容器は独立しているから、両者を合わせて一つのシステム（単位体）として捉えることができるのも、あくまで観察者の記述の領域においてである。

ＡＩやロボットのような機械も同様である。こうした機械の場合、触媒反応における容器は、一番上のレベルの制御としてのプログラム自体に相当する。これは容器と同じく、ただ与えられているもの、規定されているものである。ＡＩやロボットのような機械は、観察者がその記述の領域においてそれを無視することで、自律的に見えるのである。また観察者は、そうした記述によってそれを単位体として特定し、そのようなものとして存在させているのである。

これに対してオートポイエティック・システムは、観察者によらず、自ら単位体として出現する。オートポイエーシスというメカニズムによって自らを物質的な単位体として出現させ続け、そのことによって自らを制御している。したがって自己産出ということを些細なこととして捉えてはならない。機械が自分で自分を作れるかということは、一見すると自律性にとって瑣末なことのようにも思われるだろう。しかしオートポイエティック・システムは、まさにこの自己産出によってラディカルな自律性をもつのであり、単位体としての自分を自分で存在せしめているのである。

なお、厳密にいえば、オートポイエーシス論によるこのような観察にも観察者が必要であり、システムそのものの領域で働くとされるメカニズムとしてのオートポイエーシスも、絶対的な真理として提出されているわけではない。しかしオートポイエーシス論は、オートポイエーシスをひとまず仮定することで、その延長線上に人間特有の言語と観察者の導出を行い、それがこのオートポイエーシスを語るというかたちで議論自体を閉じるという戦略をとっている。先にオートポイエーシス論は認識論的理論であると述べたが、「認識論的」という形容詞は単なる装飾ではない。絶対的真理なるものへの到達を安易に前提とせず、人間によってなされる認識それ自体の認識を問題化しているという意味で、オートポイエーシス論は正しく「認識論的」な理論なのである。

以上、生命の自律性と機械の自律性について、オートポイエーシス論とフェルスターの議論を参考に論じてきた。オートポイエーシス論によって明らかになったのは、我々のような生物と、ＡＩやロボットのような機械とは、全く異なるタイプの機械であるということである。また、フェルスターの議論を通じて、ＡＩやロボットのような機械が示す見かけ上の「自律性」と、制御の制御による閉鎖系がもつ自律性（ラディカル・オートノミー）との間には、根本的な断絶があることが明らかになった。前者は実際には他律的であるため、その特性を表現するための語彙として「自律性」を用いるのは厳密には不適切である。

人間の自律性については、本章では取り立てて論じていないが、オートポイエーシス論が神経システムをも強く意識した理論であるということは付言しておきたい。そもそもオートポイエーシス論の核となる部分は、マトゥラーナが神経システムをモデルに構想したものである。

いずれにしても、人間も生物の一種であり、個々の細胞レベルのオートポイエーシスに由来する原基的な自律性を有していることは間違いない。そうした生物の根源的な自律性が理解されれば、ＡＩ時代に蔓延する漠然とした脅威は脅威として受けるに値しないことがわかるだろう。

〔参考文献〕

中村禎里『生物学を創った人々』みすず書房、二〇〇〇年
西垣通『こころの情報学』筑摩書房、一九九九年
西垣通「オートポイエーシスにもとづく基礎情報学：階層概念を中心として」思想九五一号、二〇〇三年、五-二二頁
西垣通『基礎情報学：生命から社会へ』ＮＴＴ出版、二〇〇四年
西垣通『続　基礎情報学：「生命的組織」のために』ＮＴＴ出版、二〇〇八年
西垣通『生命と機械をつなぐ知：基礎情報学入門』高陵社書店、二〇一二年
西田洋平「ネオ・サイバネティクスと生命記号論：その交点における情報論／生命論」思想一〇三五号、二〇一〇年、一一五-一三〇頁
西田洋平「記号解釈者としての生命とシステムの階層性：生命記号論における記号論的次元の基礎付け」『新記号論叢書セミオトポス6』、慶應義塾大学出版会、二〇一一年、二四五-二六二頁
西田洋平「情報伝達という擬制と主体としての生命」『基礎情報学のヴァイアビリティ：ネオ・サイバネティクスによる開放系と閉鎖系の架橋』、東京大学出版会、二〇一四年、一四七-一六九頁
橋本渉「システム論における「情報的閉鎖系」概念」情報学研究七五号、二〇〇八年、六九-八二頁
橋本渉「ハインツ・フォン・フェルスターの思想とその周辺：ネオ・サイバネティクスの黎明期を中心に」思想一〇三五号、二

〇一〇年、九八-一一四頁

廣野喜幸＝市野川容孝＝林真理編『生命科学の近現代史』勁草書房、二〇〇二年

米本昌平『時間と生命：ポスト反生気論の時代における生物的自然について』書籍工房早山、二〇一〇年

Alberts, Bruce, et al., *Molecular biology of the cell* (6th edition), W. W. Norton, 2014.　中村桂子・松原謙一（監訳）『細胞の分子生物学〔第六版〕』ニュートンプレス、二〇一七年

Foerster, Heinz von, *Understanding understanding: essays on cybernetics and cognition*, Springer, 2003.

Maturana, H.R., "Autopoiesis, structural coupling and cognition: a history of these and other notions in the biology of cognition", *Cybernetics & human knowing*, Vol. 9, no. 3-4, 2002, 5-34.

Maturana, H.R. and Varela, F.J., *Autopoiesis and cognition: the realization of the living*, D. Reidel, 1980.　河本英夫（訳）『オートポイエーシス：生命システムとはなにか』国文社、一九九一年

Maturana, H.R. and Varela, F.J., The tree of knowledge, Shambhala, 1987. 管啓次郎（訳）『知恵の樹』筑摩書房、一九九七年

Maturana, H.R. and Verden-Zöller, G., *The origin of humanness in the biology of love*, Imprint Academic, 2009.

Monod, J., *Le hasard et la nécessité*, Seuil, 1970.　渡辺格・村上光彦（訳）『偶然と必然』みすず書房、一九七二年

Thompson, E., *Mind in life: biology, phenomenology, and the sciences of mind*, The Belknap Press of Harvard University Press, 2007.

Varela, F.J., "Describing the logic of the living: the adequacy and limitations of the idea of autopoiesis", in M. Zeleny (Ed.), *Autopoiesis: a theory of the living organization*, Elsevier, 1981, 36-48.

Varela, F.J., et al., *The embodied mind: cognitive science and human experience*, MIT Press, 1991.　田中靖夫（訳）『身体化された心：仏教思想からのエナクティブ・アプローチ』工作舎、二〇〇一年

Wiener, Norbert, *Cybernetics: or control and communication in the animal and the machine*, John Wiley, 1948.　池原止戈夫ほか（訳）『サイバネティクス：動物と機械における制御と通信』岩波書店、一九五六、二〇一一年

第二章　生きられた意味と価値の自己形成と自律性の偶然

原島大輔

一　自律性の不思議

「自」という言葉は、じつにあやしげな味わいがある。これを「みずから」と読めば、たちまちに自我をもった確固たる何者かが、ここにこの世界の中心に、毅然と立ち現れてくるような気がしてくる。だが、これを「おのずから」と読めば、不意に自然となるがまま、自由自在がただ流れているだけといった趣である。

「自律」という言葉もまた、そのたった二文字に逆説を秘めた不思議な言葉である。合理的に考えてみれば、これは矛盾した概念ではないか。自律性とは、みずから律するということだとしたら、この律する自なるものはどこからきたのか。これが前提として与えられたものだとしたら、そもそもこの自なるものは根本的に他から律せられたものというべきではないか。それでは自律ではなく他律ではないか。ではいったい自なるものはどこからきたのか。不生、それとも自己産出だろうか。これは合理的にはいかにも不思議というほかない。

自律性とは、みずから律するということであり、かつ、おのずから律せられているということである。自発的なのである。それは、律する自己というような動作の主体という概念もふさわしくないし、律せられる自己というような動作の客体という概念もふさわしくない。律する主体の自と律せられる客体の自の二つがあるというのだろうか。それとも、律する主体の自と律せられる客体の自は、一つなのだろうか。だがもはやそれは人間理性の合理的な推論では理解できないパラドックスではないか。それへとアプローチしようとする理性を矛盾に陥れかねないところが、自律性という概念にはある。

自律性の不思議とは、このように問いを立てたら矛盾に陥ってしまうということにすぎないのだろうか。そういう不思議もあるだろう。だが、自律性の不思議とは、それだけではなく、この一語によって、何かもっと根本的に不思議なことを、それでもなお思考できるように概念化しようとしている、一つの言語表現であるということはないだろうか。

ネオ・サイバネティクス的には、それは生命である。その理論的な概念としての根本的な自律性は、生命を捉えようとしているのである。合理的には不思議だが、経験的な事実としては確かに自律的と呼ぶほかない仕方で作動しているシステムとして捉えられる、そういう特徴を、生物の身体や心や社会は見せる。それが自律性という言葉で思考しようとしているのは、生きられた意味と価値として表現される、いわば根本的に経験的な事実なのである。経験世界の外に実在している実体的な何かのことではない。それは、探せばどこかにあるようなものではない、生きられた意味と価値なのである。それを、あえて客観主義的な外からの視点で観察記述しようとすれば、自律性が論理的矛盾としてしか表現しえなくなってしまうのは仕方のないことである。だが、それをまさに生きているものの視点から見れば、自律性の不思議とは、論理的な矛盾の問題とは根本的に異なる不思議であることがわかるであろう。

生物は、宇宙の全体を一挙に捉えてその設計を法則として認識することができるような視点はもちあわせておらず、ただどこまでも未知の混沌を生き抜くことができたということによって、事後的に暫定的に準拠しうる足場のようなものを自から構成することができてきただけではないか。生物の視点からは絶対的に不可知である自然法則のような全体的な設計の実在をまず前提にしておいてから、それに従って作動している他律的なシステムを捉えるような視点で見ようとしてしまえば、生物の視点から見た世界を捉えるための概念としての自律性が矛盾に見えてしまうのも、仕方のないことであり、このことそのものは不思議でもなんでもない。自律性の不思議とは、そういうことではないのである。いつも新たな未知を生きている生物にとっては、いかなる既成の法則も無根拠の足場にすぎない。それは、むしろ法則とは呼ぶべきではないような、偶然的な法則である。いわば、法則に従って作動しているのではなく、作動することによって法則のように見える痕跡を残してきただけではないか。法則という観念なしに、むしろ偶然という観点から捉えられるべき運動が、生物の視点からの実情ではないか。

これが、ネオ・サイバネティクスが理論的な概念としての自律性によって思考しようとしている事態である。そういうものとしての自律性という言葉は、ただ生きているということそのものの、このおそるべき逆説的体験を、どうにかして自然言語で捉えようとした一つの表現にすぎない。もちろん、それを捉える表現は、自然言語でなくてはならないと決まっているわけではなく、おそらく、数式、モデル、図像、等々、どんな試みもありうるだろう。そうしたさまざまな表現の痕跡が、文化の歴史として残されてゆく。そういう表現としての生きられた意味と価値は、この不思議を自から生きて実現し実感することによって、産出され味得されるのである。自律性とは、生きられた意味と価値のことであり、いわば、生きざまなのである。

ようするに、ここで自律性の不思議というのは、生命に学問的にアプローチするためにはどのように問いを立てたらよいのか、という問いのことである。

二　自律系としての生物の意味と価値の自己形成への学究的なアプローチとしてのネオ・サイバネティクス

ネオ・サイバネティクスでは、生物と機械を分類する理論的な概念として、自律と他律が定義されている。それは、生物と機械の学究的な理解のために、あえてそのように概念を理論的に定義したのである。したがって、この概念の意義は、それによって生物と機械を学究的によく理解できるかどうかにかかっている。つまり、これは対象の本質を説明するものというよりは、むしろ一つのものの見方と考えたほうがより誤解がないであろう。理論的な概念の定義というものは、そういう学究的な実用性のためのものであり、世界がどのように設計されているかの法則を主張するものではない。もとより、そのように万物が従うべき法則が定義できるのであれば、自律性などという概念は定義上そもそもありえず、学究的には消去されるべきものであることになってしまうであろう。自律性ということを本当に考究するからには、そうした法則の不可能性や偶然性をも考慮せねばなるまい。さもなければ、自律性などという概念は、学究的な議論の場に持ち出すべきではないとさえいえる。ネオ・サイバネティクスにおいて自律性を理論的に定義してこれを鍵概念として使用してきた研究者たちは、おおむねこのことに自覚的であったといってよい。

ネオ・サイバネティクス的な概念としての自律系は、文字通りに自から律されるシステムということであり、どこか他に根拠をもつのではなく自己準拠的に自己の世界の意味と価値を形成してゆく、根本的に自己形成的なプロセスである。ネオ・サイバネティクスでは、ここが、生命的なシステムと機械的なシステムを、定義上区別する。生物は自から実現された規範に準拠する自律系である。機械は設計やプログラムという他から指令された規範に準拠する他律系である。ネオ・サイバネティクスでは、このように生物と機械を分類する理論的な概念として、自律と他律が定義されているのである。

たとえば、ネオ・サイバネティクスの重要な先駆的研究者の一人であるフランシスコ・ヴァレラは、システムを捉える考え方として、「ウィーナー・パラダイム」と「ノイマン・パラダイム」という分類を提案した（Varela, 1983、チェン、2013、西垣、2008（本書第五章の表5-1も参照されたい））。ウィーナー的なシステム観は、自律系としてのシステム観であり、自分の作動の規則を自から作り出すシステムとしての作動を、そのシステムが作動しているプロセスとして主観的に見るものである。ノイマン・パラダイムは、他律系としてのシステム観であり、自分の作動の規則を他から与えられたシステムとしての作動を、そのシステムを対象物として客観的に見るものである。ヴァレラは、ノイマン・パラダイムではなく、ウィーナー・パラダイムのシステム観によってこそ、生物のことがもう少しよくわかってくるのではないかと問題提起したのである。

そもそも、ノーバート・ウィーナーが提唱した古典「サイバネティクス」（Wiener, 1965＝2011）は、生物の認知と行動を通信工学的・制御工学的に理解しようとする試みではあったが、その本質的な意義は、生物を機械と見なす生物機械論的なものの見方にあったわけではない。そうではなく、機械論的に外から観察しているだけではわからない生物の認知と行動を、生物の視点から考察する、という生物理解に基づいたアプローチを開拓したところにこそ、その意義があったのである。

すでに述べたように、生物には、世界を外から眺めて全体を一挙に把握することはできない。というか、そのような全体があるのかないのかも、わからない。生物は、あくまで自分の経験世界しか知ることができないなかで、まるで全体像などつかみきることができず、そしてそもそも全体が画定しているのかどうかすら不明な、無限の偶然的な混沌を、なんとか自分なりの仕方で生き抜くことができてきただけである。生物の視点に立てば、このように、あくまで自分なりの仕方で自分に生き抜くことのできる経験世界を構成することで、どうにかして生き延びてきたということそのものが、生物理解にとって本質的に重要であることが見えてくる。ウィーナーのサイバネティクスはこの自律性の不思議を問うていたのである。

生物学者ヤーコプ・フォン・ユクスキュルは、このように生物が自律的に構成する、その生物にとっての世界を、「環世界」（Uexküll & Kriszat, 1970＝2005）として概念化し、生物の視点から生物を理解するような生物学のアプローチを提案した先駆者の一人であるが、古典サイバネティクスの本質的な意義も、本来こうしたアプローチに通うところがある。

とはいえ、古典サイバネティクスは、むしろ生物機械論として一般的に受容されてしまったきらいがあることも確かである。そこにはいろいろな理由があったといえるが（西垣，2008b, 2010）、ここではその詳細には立ち入ることができない。ただ、ここで重要なのは、古典サイバネティクスの生命論的アプローチとしての意義をすくいあげようとする学問的潮流が、後にきちんと登場したということである。それが「ネオ・サイバネティクス」である。

ハインツ・フォン・フェルスターは、生物を観察対象として外から観察するのではなく、観察しているシステムとしての生物の観察行為そのものを研究対象とする生命論的なサイバネティクスのアプローチを、観察するシステムの観察ということで「セカンドオーダー・サイバネティクス」（Foerster, 2003）と名付けて研究した、ネオ・サイバネティクスの先駆者である。いかにして生物は、観察するシステムとして、対処しきれないほどに複雑な混沌を、対処可能なものに単純化しているのか、このように問いを立てたのである。

ブルース・クラークとマーク・ハンセンは、これを「ネオ・サイバネティクス的な創発」と呼んでいる（Clarke & Hansen, 2009＝2014）。これが、もし、多数の可能性としての環境から、システムが少数のものだけを選出する、ということにすぎないのであれば、それは、あくまでもあらかじめ有限に限定された範囲内での確率的な問題を捉えたものにすぎない。だが、もし、そもそも選択肢を数えるという発想ではアプローチすることのできない無限の偶然性としての環境という潜在性から、決定論的あるいは確率論的にアプローチできるような有限の可能性を、システムが自己産出的に実現することで限定するプロセスとして理解されるならば、これはまさにここで述べようとしている意味と価値の自己形成の本質を捉えた概念といえる。それは、いわば無限の偶然性の自己限定である。

　これは、客観主義的な実在と、そこから独立した認知主体の表象という、いわゆる素朴実在論的で表象主義的な存在論と認識論を前提とする立場では、捉えることができない、生物の世界構成である。生物の視点からしたら、その世界構成は、同じ実在からそれぞれの仕方で内部表象を作っていると考えることはできない。そもそも、同じものを見ているかどうかも、合理的には不可知である。実在の有無についてさえ否定も肯定もできない。

　たとえば、わたしがわたしなりの仕方でこの世界を経験している。そこのあなたも、同じこの世界を、しかしあなたなりの仕方で経験している。両者は同じ世界を異なる仕方で経験している。このように考えるのでは、まだ生物の視点から見た世界とはいえない。両者が同じ世界を経験していることを観察できるのは、両者を一挙に比較することのできる客観的な視点でなければならないが、それは生物の視点ではない。もし、このわたしが、このわたしなりに世界を経験しているのであれば、たとえ、そこのあなたが、あなたなりの仕方でその世界を経験しているとしても、その経験世界と、わたしの経験世界とが、同一の実在世界を経験しているのかどうかは、わたしの経験世界の内では、比較することはできない。なぜなら、わたしにはあくまでわたしの経験世界しか経験できないのだから。この経験世界におけるいくつかの表象どうしを比較することはできても、それを経験世界の外界と直接に比較するなどということはありえない。

合理的に考えるならば、少なくともこういう懐疑論的な議論に基づいて、生物の視点というものを考えなければならないだろう。エルンスト・フォン・グレーザーズフェルドの「ラディカル構成主義」(Glasersfeld, 1995＝2010) は、まさにそのような立場から、いかにして人間が自分の経験世界を自律的に構成できているのかを、理論的にモデル化するというアプローチをとった。人間理性にとっては不可知の、経験世界の外界の実在をアプリオリに前提することをしないという立場でもなお、経験世界の構成を合理的にモデル化できることを証明しようとしたのである。しかも、それは、素朴な意味での自己の一人称や主観性を実体的に前提してから、その世界構成のモデルを目指していたものだったわけでもない。別の言い方をすれば、グレーザーズフェルドは、自律性の不思議を避けて通りはしなかったのである。それは、ラディカル構成主義的にいえば、構成する自己なるものである。そして、グレーザーズフェルドは、ラディカル構成主義としては、この自己のモデル化は問いのまま残した。

ウンベルト・マトゥラーナとフランシスコ・ヴァレラの「オートポイエーシス」(Maturana & Varela, 1980＝1991) は、自己が自己産出のプロセスによって自己形成されるということを、システム論的にモデル化した。自己産出的に発生し進化し続けてきた生物の自律性を、システム論的な動的プロセスとして捉え、これをオートポイエーシスというモデルによって概念化したのである。さらに河本英夫は、これをそのプロセスそのものの視点からいかにして捉えることができるかという方向に追究して理論を発展させた (河本、1991)。

自律性の動的なプロセスは、これを無理に静的な空間的な実体として形式論理的に捉えようとすると、論理矛盾に陥る。これも不思議といえば不思議ではあるが、プロセス論的な視点からしたら、あくまで方法論的問題に起因する矛盾にすぎない。これは運動を時間的に停止した一点に切り出して、静止した空間で捉えようとする、立論がよくないから陥る矛盾だ。この限界に突き当たるだけでは、自律性の不思議そのものを知的に捉えたとはいえない。自律性の不思議とはそういう矛盾のことではなく、むしろ、この動きである生命を、矛盾や限界としてではなく、いかにして捉えるかという問いのことである。

たとえば、ヴァレラは自律性の不思議をどうすれば学究的に観察記述できるのか、それを探究し続けた研究者であったといえるが、まさにその生命的なプロセスを捉えるために理論的に定義された概念が、彼のシステム論的な「自律系」概念だった。これは生命を理解するための一つのステップとして仮置きされた足場のようなものである。生命の実相を捉えることを、学究的な問題にしようとしてきたのである。自律性をプロセスとして動的に捉え、自律性の不思議を、矛盾や限界として表現するにとどまらない、学究的にアプローチしうる知の問いとして問うことができるのではないか、という問題提起そのものが、自律性という概念をプロセスとして理論的に定義することの重要な意義であった。

オートポイエーシスや自律系のモデルが概念化しているのは、システムの構成素の産出プロセスが循環しているという、プロセスの円環的な再帰性であり、これは作動的閉鎖性と呼ばれる。これによって、自己が境界画定されるのである。これは、あくまでプロセスの再帰性を円環的な境界のイメージで捉えているのであって、空間的な境界のことではない。つまり、物体的な空間の中に、円で囲まれた閉鎖領域があって、その内部が自己で、その周囲が環境である、というような閉鎖性のことではない。作動的に閉鎖しているというのは、システムの構成素の産出プロセスが再帰的に循環しているということであり、この循環によってシステムとしての境界が画定されるのである。それは、空間的に想定された内部と外部のことではないのである。だから、自律系の作動は、自己形成のプロセスそのものとして自己形成のさなかで観察記述しなければわからない。オートポイエーシスのプロセスとしての理解は、生物の視点から世界を見るということの、一つのラディカルな道筋である。

行為することによって生存できたとき、その生物にとっての意味と価値が形成され、こうして形成された意味と価値の構造に基づいて、行為を続けてゆく。このような再帰的プロセスで自己形成された意味と価値が、原初的な情報、「生命情報」である（西垣、2004）。西垣通は、情報とは生物にとっての意味と価値であると定義した（西垣、2012）。それは、外界に実体的に実在する権威によって与えられた意味と価値ではない。自律系の意味と価値は、いわば内的に自己形成されるのである（in-formation）。

しかも、閉鎖系のモデルで捉えられながら、生物は、事実、社会的にコミュニケーションをとり、情報が伝達されているように見える。このような生物の社会性は、情報的閉鎖系の概念だけでは捉えがたい。西垣の「基礎情報学」は、これを「階層的自律コミュニケーション・システム（HACS）」というモデルで、システム論的に概念化した（西垣、2008a）。人間のような社会的生物は、単に自律系であるというよりは、観察記述の視点によって、他律系として観察記述することもできるし、自律系として観察記述することもできる。これを、相即的に自己形成している階層的な上位システム（コミュニケーションを構成素とする社会システム）の視点と下位システム（思考を構成素とする心的システム）の視点との、観察記述の視点移動によって捉えるモデルである。情報伝達は、このような階層性が相即的に自己形成できていることとしてモデル化される。社会性という側面も含めての生物の自律性（社会的自律性）が、この階層的な自律性という概念によって、捉えられているのである。そしてそれは、生物が、自律と他律の両義的システムである、ということをモデル化しているのでもある。これは、自律性の不思議を捉える重要な観点である。

このように、ネオ・サイバネティクスは、古典サイバネティクスの生命論的な意義をすくいあげ、生命の不思議を探究してきたのである(1)。本章では、そうした探究のなかでも、特に自律系の意味と価値の自己形成に焦点を当てることで、ネオ・サイバネティクスが理論的に定義するところの自律性という概念の理解を深めてゆこう。

三　メイクセンスとリアライズ

いったい意味とは何なのか、価値とは何なのか、それは機械にも理解したり創造したりできることなのか。こうした問いは古くから問われてきた知性の問いだが、まさに人工知能研究を通じた知の探究にとってもこれは最も本質的な問いであるといって過言ではあるまい。こうした問いは人工知能研究の文脈でもさまざまに提起されてきた。

スティーブン・ハーナッドが提起した「記号接地問題」は、そのような問いかけの一つであった（Harnad, 1990）。たとえばある種の人工知能のような、形式的な規則に従って作動する他律系で、それ自体は意味のない形式的な記号からなる記号システムがあったとして、これが独力で意味解釈できるためには、どうしたらよいだろうか。形式的な記号の意味は、別の形式的な記号によっては、基礎づけられない。なぜなら、その記号にも、それ自体は意味がないからである。では、どうしたら、ある形式的記号の意味を、別の無意味な形式的記号以外の何かによって基礎づけること、つまり接地させることができるだろうか。このように問いを立てることで、それは意味理解の問題にアプローチしたのである。

記号接地問題の難しさは、次のような譬え話で説明される。中国語を全然わからないわたしが、中国語で書かれた中国語の辞書だけをもとにして、どうしたら中国語を学習できるだろうか。しかも、じつはわたしは中国語

（1）ここでは本章の議論に必要な最低限の内容の紹介にとどめたが、より詳細な解説は本書の序章や第一章などを参照されたい。

どころかいっさいの言語をまだ習得したことがなく、これがはじめての言語学習だったとしたら、どうだろう。わたしにとっては、あらゆる中国語の文字が、無意味な形式的記号なのである。辞書には、言葉の意味が説明されているが、その説明文もすべて、わたしにとっては無意味な記号列である。説明文に登場する言葉の意味をさらに辞書で探してみても、それで行き着くのはまたしても意味不明な形式的記号の羅列のみ。これではいつまでたっても記号が接地することはありえない。記号が記号を参照する堂々巡りから離脱して、記号を接地するには、どうしたらよいのだろうか。

この問いかけが、人工知能研究の文脈において、生きられた意味と価値について問題提起したことの本質的な意義は、いまなお通用するものであるということは、いくら強調してもしすぎることはない。ただ、一点だけ、これまで述べてきたことの文脈から、重要な注意点をここで指摘しておかなければならない。それは、「接地」の問題にしてしまうと、生きられた意味と価値の問いから離れてしまいかねない、ということである。すなわち、もし、記号接地問題が、一つ一つの記号とその指示対象、さらにそれらを統合する一つの言語体系を、どれも個別的な実体としてあらかじめ前提しておいてから、それらを関係づけるという問題になってしまうならば、これは、生きられた意味と価値の問いとしては、その本質を捉え損ねることになりかねない、ということである。というのも、それは、そういうふうにあらかじめ実体として前提されうるようなものではないからである。[2]

生きられた意味と価値は、接地すべき何ものかに一致するのではない。生きられた意味と価値の自己形成とは、ある記号が、経験の外界に客観的に実在する実体としての指示対象に、接地することではないのである。だからこそ、接地の問題として問いを立ててしまうと、結局は記号と記号の対応づけに終始せざるをえず、それは永遠に解決できない問題になってしまうのである。なにしろ、生きられた意味と価値は、たとえ比喩としてであったとしても、接地できるような実体として現前するようなものではないのだから。

未知の言語のみで未知の言語を習得するという譬え話にも、極めて繊細なところがある。というのも、もし、これが、あらかじめ法則的な言語体系の実在を前提したうえで、その反映を目指す演繹的な課題となってしまっても、あるいは、その解明を目指す帰納的な課題となってしまっても、この接地の問題にとらわれてしまうからである。それに、言語習得の達成が、もし、外部の観察者から見て、ある言語をきちんと使いこなせているように見えるかどうかだけの問題になってしまっても、生物の視点というここまでの議論がだいなしになってしまうだろう。

生きられた意味と価値の問いは、かつてクセノファネスの断片[3]が、あるいはジョン・サールの「中国語の部屋」の思考実験[4]が、示唆したように、たとえあるひとが真理を言い当てていたとしても、本人がそのことを自覚していないのであれば、生きられた意味と価値の問いに応えたことにはならないのではないか、ということそのものが問われているのである。いったい、本人が真理を言い当てていることを自覚するというのはどういうことなのか、それをどのように問えばよいのかということが、そもそも問われているのである。

渡邊淳司は、まさに生きられた意味と価値の問題に取り組むにあたって、記号接地問題を参照しつつも、これを「自分事」になることという表現で問いを立て直して、これに体性感覚、触覚でアプローチしようとしているが、こちらのほうがより生きられた意味と価値の問いの本質を突いたものになっているだろう（渡邊、2014）。

自分のものになる、あるいは、あえてさらに踏み込んで表現すれば、自分がそれになるのである。わかるというのはできるということ。知るということは成るということ。知識と行為は不可分であり、生きられた自己限定

（2）　記号接地問題の実体論的な問いの立て方を批判し、むしろ「記号創発問題」として問いを立て直すことで、独自のアプローチを試みてきた研究として、谷口（2014）も参照されたい。

とは自己実現のことなのである。

そういう意味と価値の問いは、いわばメイクセンス問題なのである。メイクセンスというのは、意味がわかるということであるとともに、意味ができるということでもある。そして、その美的体験に触れられてしまうことでもある。意味と価値を自己形成し、その意味と価値に準拠してまた意味と価値を自己形成する、そういう自律的な無根拠に再帰的に触れられるようにして体現されなければならないということである。

つまり、これはまさに自律性の問いだということである。自分のものになること、そして自分がそれになることとは、自律的であるということである。逆に言えば、他律的であるということは、メイクセンスができないということでもある。記号と記号を対応づけることができても、生きられた意味と価値を自己準拠的に自己形成することにならないからだ。もちろん、機械は意味と価値などなくても作動するから、機械だけで完結している有限状態に限定された環境内ならメイクセンス問題はそもそも無視してもよい。記号と記号が対応づけられれば十分であろう。だが、少しでも生物が関与するなら、それはもはや有限状態ではなくなる。生物は無限の偶然性に開かれているからだ。そこでは環境の法則そのものが偶然的に変化するから、そのときには根拠なしに未知の意味と価値を自から産み出していかなければならない。

もちろん、安定した社会で惰性的に通用している言語や記号とその慣用的な意味内容との対応づけの問題であれば、機械でもある程度の成績をおさめるものを作ることができるであろう。だが、それは、意味と価値の構造が社会的な権威によって基礎づけられており、この構造があくまで想定内の仕方で変化しているかぎりでの話だ。それは、根拠が保証されている限定的な意味の問題である。ところが、メイクセンス問題で本質的に問われていることは、そういう問題ではないのである。生きられた自律系の意味と価値は、それ自身の他に権威的な根拠のない、自己産出されるものだからである。無限に偶然的な意味と価値が問題なのである。

もっとも、生きられた意味と価値の自己形成が無限であるとはいえ、実際の人間社会では、どんなに変動的ではあっても社会的な制約が働くから、全くの無制約ということはありえないだろう。だから、ある程度は高度に惰性的な社会においては、社会的な意味と価値の問題をその程度には限定的な問題とみなせる場面もありうる。社会システムの意味と価値の構造は、ある程度はデータベース化されているし、心的システムと比較すればわりと惰性的で変化が緩慢だから、機械でもある程度は学習できるのである。

それでも、生命論的な視点からは決して無視できないことは、情報とは根本的には生命活動にとっての実用性としての意味と価値をもつものだということである。この原初的な情報である生命情報から、社会的に通用する

（3）　前六世紀、いわゆるソクラテス以前の哲学者の一人、クセノファネスのものとされている断片に、味わい深い一節がある。そこには、ひとは、たとえまぐれで真理を言い当てたとしても、それを自覚することはまずないであろう、ということがいわれている。『ソクラテス以前哲学者断片集』所収の断片 B34 である（内山、1996：279）。井筒（2019）によるギリシア自然神秘主義についての研究もあわせて参照されたい。自然神秘主義とは、西洋文明がその奥底に秘めた他者の、一つの表現にほかならない。ソクラテス以前の哲学者たちの時代、神と人との絶対的矛盾的な合一を体現するディオニソス的な自然神秘主義は、天上の神々を地上の人々から厳然と隔絶するホメロス的な西洋形而上学を、一度は脅かした。ところが、この西洋形而上学の危機は、結果としてはむしろ、反形而上学的な自然神秘主義をうまく取り込んだ、科学主義的な自然主義という、より強い西洋形而上学を生み出すことになった。中沢（2014）が解説するように、井筒（2019）は、こうした古典ギリシアの神秘主義と形而上学の歴史を描くことで、西洋思想の脱構築におおいに寄与している。このように捉えられた歴史において、クセノファネスは、まさにその決定的に重要な転機を生きた自然神秘主義者の一人であった。いまや西洋形而上学は、科学技術主義的な自然主義という一つの普遍主義のかたちで、世界を席巻している。だが、神秘主義的な自然主義は、現代の科学技術主義的な自然主義の内奥にも、いまなお潜在し続けている。そしてそれは、たとえば人工知能研究がその原初から密かに抱え込んできた、科学技術主義とは根本的に異なる技術の可能性を、いまなお暗示し続けている。

言語記号的な意味と価値が抽象されて社会情報に転化し、それがさらに機械でも処理できるデータへと抽象されて機械情報に転化する。情報技術や人工知能が人間よりもうまく最適解を導き出すことができるような社会的問題も、そのそもそもの問題設定の根本には、生命的問題がある。情報技術も人工知能も、根本的には、それらを活用していかに社会的に生きてゆくかは、生物としての人間の意味と価値の自己形成、つまり自律系としての自由な責任に問われた問いなのであり、生きられた意味と価値の正解を、機械に求めることはできないのである。

責任は、現代社会で自己責任とか責任者とかいわれるときは、確かに上位システムから他律系として見られた下位システムを拘束する規範的な制約、つまり社会的な権力作用による制約ではあるのだが、しかし、ここでいわんとしている責任（responsibility）というのは、応答することができるという能力のことでなければならない。応答とは、生の意味と価値という問いに、生きることで応答するのである。つまり、責任とは自由ということにほかならない、肯定的な能力なのである。それは、あらゆる生の自由と一体不可分のものなのだ。だから、いかに情報技術や人工知能の意思決定アルゴリズムが優秀になったとしても、責任能力の根本にかかわる仕事を人間が機械に委譲するようなことは、安全性や利便性では割に合わないような、生物としての深刻な危うさをはらんでいることに注意しなければならないのである。それは社会的生物としての人間にとっては、下位システムとしての自律的な意味と価値の自己形成能力を損なうだけでなく、上位システムとしての社会システムの自由な自己形成能力をも損なう。

機械は、明らかに設計されたものであり製造者がいる、他律系である。他律系は、作動の根拠がどこか他の権威にある。だから、その行動の責任は根本的にはその他にある権威によってしか対応できないのであり、他律系には責任は問われえない（河島、2016）。機械に意思決定を委ねても、機械にはいかなる責任も問えないのである。今日の高度な情報技術や人工知能は、あまりに複雑すぎて設計を把握しているものなどいない、といわれることもあるが、実情がそうであればなおのこと、この問題は重要性を増す。他律系の設計が説明できないことは、自律系のようにそもそも設計されていないことによるものではなく、説明する観察記述者の能力不足によるものにほかならない。他律系の説明不足は、自律系の不思議とは、根本的に異なるのである（原島、2018）。人工知能の

（4）意味を理解するとはどういうことか。サールはこの問いにアプローチするために、一つの思考実験を提案した。それが、中国語の部屋である（Searle, 1980）。わたしはある部屋の中にいる。じつは、わたしは中国語が全然わからない。わたしにとって漢字は、意味のない形式的な記号でしかない。だが、わたしは英語ならわかる。そして、この部屋には、英語で書かれた指南書があった。そこには、どういう中国語の文字列が与えられたら、どういう中国語の文字列を返せばよいか、その形式的な記号の操作が指示されていた。さて、この部屋に、一通の中国語の手紙が届く。じつはこの手紙には中国語で問題が記されていたのだが、中国語がわからないわたしには、もちろん、それを知るよしもなかった。ただ、わたしは、英語の指南書に従って、意味もわからぬまま、この手紙に記された文字列に対応する文字列を、形式的な記号の操作によって導き出し、これを記入して部屋の外に手紙を送り返した。じつは、この指南書は、どのような中国語の問題にどのように解答すべきかということが指示されたプログラムだったので、答案は正確に問題への解答となっていた。かくして、部屋の外にいるひとは、この手紙を見て、部屋の中には中国語を理解しているひとがいる、と解釈する。つまり、わたしは、意味などまるで理解していなくても、プログラムに従って形式的な記号の操作をするだけで、外から見ているひとにとっては、入力された問題に対応していると見なされうる解答を、出力することができてしまうのである。もちろん、わたしが、その言語を理解できていれば、その場合は、プログラムに従うのではなく、自分の理解に基づいて、意味を理解したうえで問題に解答することができる。たとえば、この部屋に英語で書かれた問題が届けば、わたしはその意味を理解して解答する。ということは、意味を理解していても理解していなくても、入力された問題に対応する解答が出力できるのだから、この部屋のように形式的な記号の操作をするための装置が完備されたシステムの外から、その入力と出力をいくら眺めていても、わたしが意味を理解しているかどうかは判別しようがないのである。いったい、意味の理解とはどういうことなのか、そもそもそれをどのように問えばよいのか。サールの中国語の部屋は、このことをいまなお問いかけ続けている。

設計、アルゴリズムとデータを、人間が理解できるかたちで、営業秘密とプライバシーに抵触しないかぎりは公開したり説明したりできるようにしようという議論には、こうした観点からすると、重要な社会的な意義がある（河島，2018）。

自律系は作動の根拠を他にもたない。だからこそ、自律系は根本的に責任が問われているのである。生きられた意味と価値の自己形成という問いに、いかにして生きるかによって応えることが、問われているのである。

別の言い方をすれば、メイクセンス問題で問われているのは、人間には当たり前にできているのに機械にはできない、という類の形式的で一般的な問題ではないのだ。これは、生きられた意味と価値の問いなのである。生きられた意味と価値は、それを生きることではじめて自分のものになるのであり、それは自分がそれになるということでもある。その痕跡が後に残ることはあっても、接地すべき地面が先にありはしない。一語のメイクセンスとは、一つの生きざまなのである。こればかりは、それを自分が生きることでしかわからない。それを体現することでしか体得できないことである。ある記号について、一生その生きられた意味と価値をものにすることができないことなど、いくらでもありうる。こうして、たった一語のメイクセンスをめぐってさえ、一つの生のドラマが繰り広げられるのである。

今日の人工知能は第三次ブームと呼ばれている。記号接地問題や中国語の部屋などは、それよりも古い第二次ブームの人工知能研究で突き付けられた問いである。それゆえ、もしかすると、ここでそれらに言及したことに、ずいぶん古い話を持ち出してきたと思われる向きもあるかもしれない。だが、それらが本質的に問うている生きられた意味と価値の問いそのものの意義は、いまなおいささかも薄れてはいないのである（西垣，2018）。なぜならそれは、人工知能研究という知の探究にとっての、究極の問いだからである。それは、人工知能研究というものに辿り着いた西洋の思想でいえば、少なくともソクラテス以前の神秘主義的な自然主義者たちの時代から、連綿と問われ続けてきた、知性の問いにほかなるまい。それを見通すことができるくらいおおらかなスケール感の視点も、自律性の不思議を味わうには、一つあってもよいのかもしれない。それによって、人工知能研究における知性や生命そして意味と価値の考え方が、あくまで西洋中心主義的な普遍主義の一種としての科学技術主義にすぎないのか、それとも、そうではない仕方で文化主義的な対立を越えた何かもっとより根本的に自由で自然な統合の深い普遍性にまで通じるものがじつはそこには潜んでいるのか、という現代の本質的な問いに、人工知能時代の自律性という問題系が根本的につながっているということが、よりいっそう浮かびあがってくるであろう。生にそういう余裕、遊びを作ってくれることも、人工知能の社会的な応用の深い意義であろう。

たとえば、現代の人工知能の最も優れた応用の一つと見なすべき機械翻訳など、まさにそうではないだろうか。機械翻訳は、語学の勉強を不要にしてくれるものではなく、語学の勉強をもっと深く楽しめるようにしてくれるものである（西垣、2019）。それは、異文化の表面的な理解ではなく、深い翻訳不可能なものの水準での交流へと、人を誘い込むのである。いわば、機械翻訳は、生きられた意味と価値の入り口まで、連れて行ってくれるのである。機械翻訳の力を借りて日常的に他言語の異文化と触れあうことで、ときにたった一語の背後に横たわる計り知れない差異を実際に体験することが、記号を別の記号に置き換えただけでは見えてこない生きられた意味と価値の深淵を垣間見せてくれることは十分にありうるだろう。そして、そこからは、独りで、徒手である。実存的なコミュニケーションは、前言語的な深い情趣をともなう生きられた意味と価値の水準まで降りてゆくことで、はじめて開ける地平で起こる。メイクセンスが問われているのはそこである。

「身体化された心」や「行為的産出」という、ネオ・サイバネティクスの重要な概念を提唱したフランシスコ・ヴァレラたちには、このような、体得と体現が同じことであるという、まさにメイクセンスの問題が念頭にあったはずである（Varela et al. 1991）。生物は、確かに認知と行動のフィードバックや感覚と運動のカップリングや論理的推論のような機械的な知能も活用しているが、それだけでなく知識と行為が一体不可分であるような生物的な知能も活用できている。この生物的な知能を探究するために、ヴァレラたちは、身体化された心とか、行為的産出といった概念でアプローチしたのである。

さらに、ヴァレラには、このような知識と行為の合一を、規範に準拠した判断に基づく道徳性と対比して、ニヒリズム以後の無根拠の倫理性として概念化することを試みてもいる（Varela, 1999）。ヴァレラは、依拠すべき規範が他にあるようないわば規範主義的な行動は、いかにその規範にかなった行動であったとしても、倫理的な知識行為ではないと考えた。それはそうではないか。単に規範主義的なだけの行動は、他律系としての行動であり、そこには責任すらない。ヴァレラのいう倫理的な知識行為とは、無根拠な自律系の自己形成プロセスでなければならなかったのである。自律的であるということは、根本的に無根拠であるということだ。無限の偶然性という根本的な無根拠は自己準拠的であるということである。だから、たとえば、現代の自由主義的な人間主義の基盤を支えている個人的自我が、たとえ科学主義的な自然主義の世界観において還元されたり消去されたとしても、自律性はそのことによって左右されないのだから、ニヒリズム的に別の根拠を渇望せずとも、人間の自由は本当は心配には及ばないということでもある。人工知能と自律性について考えるとき、西洋近代の科学技術と人間の実存的不安の関連は決して無視できない問題であるが、一つの見方として、自己というものを自律性という概念によってこのように捉え直すことができる。

こうした生命的な自己形成の知能としての知識と行為の合一を強調するために、あえてこれをリアライズと呼んでみるのもよいかもしれない。リアライズとはまさに、実感するということであるとともに実現するということでもある。生きられた意味と価値は、リアライズされるものなのだ。自からの行為がそのまま知識であるという、その生きざまである。それを自から生きて体現することがそのまま体得である、という仕方で意味と価値が自己形成されるのである。しかも、リアライズされる意味と価値に正解はない。正解を保証してくれる権威はないのである。だからこそ、それは、底なしに無根拠であり、底なしに自由であり、責任を問われうるのである。

生きられた意味と価値を知るということは、それに成るということである。意味と価値のメイクセンスは、それを実際に生きることでリアライズするしかない。生きられた意味と価値は、そうしてただその生きられた物語を紡ぐことで自から表現されるものである。生きられた現実の物語である。そして、その表現に、生の情趣がともなう。

それは、ある種の芸術的表現である。ある種の美的体験である。だがそれは、優れた表現であれば必ず誰が見てもその意味と価値が見るものに伝わる、というものでもない。いかなる表現であっても、見るものが見なければ、何もリアライズされはしないのである。それは、見るものの生きられた意味と価値、そのメイクセンスにかかっているのである。その美的体験は、感性が問われなければ実現されえない。まさにセンスが問われているのである。

したがって、生きられた意味と価値とは、客観的に表現すれば誰にでも見られるというようなものでもなければ、主観的にそう見ようと思えば何にでも見られるというようなものでもない。そういうものとして、それは三人称的とも一人称的ともいいがたい。ここにいう一人称とは、いわば主観主義的な自我中心主義のことであり、これだけでは生きられた自は成り立たないのである。そして、ここにいう三人称とは、いわば客観主義的な普遍主義であり、これだけでも生きられた自は成り立たないのである。その両者の相即、そのような体験的な自は、みずからとおのずからの両義的な自なのである。これをネオ・サイバネティクス的なシステム論で捉えれば、HACSモデルとなるであろう。階層的自律性の、二重の意味と価値の相即的な自己形成である。

四　自律系の自由、あるいは自然の底なしの偶然

自律系が意味と価値を自己形成するというのは、自律系の視点に立ってみれば、いわば根本的な無限の偶然性がどうにかして生きることのできるものに自己限定されることである。これが、ネオ・サイバネティクス的な創発である。これが、ネオ・サイバネティクス的な自律系としての、生物の知能の本質である。こうして自己形成した意味と価値を足場にして、また生きられた意味と価値を自己形成する。生物は、自己準拠的なのである。それは、他律系のように設計によって製造されたのではなく、自律系として自己産出によって自発してきたということの、一つの表現でもある。どこか他に生の意味と価値の根拠があらかじめ実在しているわけではないのである。だから、根拠が前提されていないということで、これを無根拠といっているのである。そこにニヒリズム的なニュアンスはない。むしろ、この無根拠というのは、自律系が根本的に自由であるという肯定的な自己産出性の、一つの表現にすぎない。

この無限の混沌を生き抜く生命の活動は、もちろん、なまやさしいものではない。他律系と違って、自律系には、こうやれば必ずうまくいくという法則が原理的に保証されていないからだ。自己形成のままならなさは、生物にとってはときに内臓の痛みや四肢の震えのような身体的な深い苦しみとして実感されるほど熾烈をきわめる。生命活動のなまなましい極限的な実感である。だが、これを生き抜くことができているということにともなう深い情趣、すなわち情動的な生命活動の状態の感覚は、ときにおだやかな深いあたたかみとして実感されることもあるだろう。生物の生きられた意味と価値の自己形成にはこうした情動がともなうのであり、さらに、人間のようにこの情動を感情として知覚する生物もいる（Damasio, 2018＝2019）。情動の実感とは、意味と価値の自己形

成プロセスの活性度を自分で知覚する感覚、すなわちこれを自己観察記述する感覚なのである（原島、2019）。こうした自己形成は、その生物にとっては、おのずからできたことでもあるが、それとともに確かに、みずからなしたことでもある。自律とは自から律されるということであり、まさにこの自己準拠的な自己形成のプロセスであるわけだが、この自という一語にすでにその両義性、すなわち、おのずからとみずからの相即が表現されているのである[5]。

まるで意味不明な、まさに無限の偶然性を、生きられた、そのことによってはじめて、意味と価値が自己形成される、そしてそれだけをつかのまの足場にして、また全くの未知を生きる。生物は未来を生きているのである。この純粋の偶然性を生きているのである。この偶然性は法則的とはいえない。いわば素朴な自然法則の外である。自然法則がもし根本的な法則であるなら、それは無根拠でなければならない。もし自然法則が何か別の他の権威によって根拠づけられているなら、そちらの権威が根本になるだけである。根拠のある法則には、そういう根拠づけが永遠に続くことになる。もし根本的な法則たる自然法則があるとしたら、それじたいは無根拠、つまり、無限の偶然性に開かれているのでなければならないだろう。かくして、本当に合理的に自然主義的な立場に立とうとすれば、素朴な自然法則の外まで考えられねばならなくなってしまうだろう。その底なしの偶然性の自然主義は、いわば、法則の実在に根拠づけられた自然主義ではなく、権威なき自己産出の自然主義とでもいおうか、根本的自然主義とでも呼ぶべきものになるであろう。

（5）　おのずからとみずからという自の両義性について、ここでの議論に関連する参考文献を二つあげておく。木村（2005）。竹内（2015）。ここではそれらの内容には踏み込まないが、いずれも、この自の両義性をある種の感覚しうる情趣としてつかもうとしているのである。

もはや論理的推論や統計的推測といった計算能力においては人間理性顔負けの性能を披露する機械を作ることができるようになった人工知能研究を通じた知性の探究にとって、いまや味わうべき問いの深淵は、この底なしの偶然性、決定論的でも確率論的でもないこの偶然性をいかに観察記述するかという、知の根本的な問いであろう。そしてその不思議を考究するにあたり、自律性は鍵概念になりうるであろう。本章では、この不思議を生物の視点からの生命理解として問うてきたところに、ネオ・サイバネティクスの理論的な自律性概念の一つの重要な意義があることを述べた。また、この観察記述について、本章は、いわば、わかるということとできるということ、知るということと成るということ、そのメイクセンス、そのリアライズとして表現してきた。その観察記述は、自然言語かもしれないし、数学かもしれないし、芸術かもしれない。いったいどのような仕方で肉薄できるのか、そこからすでに問われているのである。生命の自律性の不思議は、自由の問いである。それは、生きられた意味と価値の自己形成の体現知、その自己観察記述にかかっている。

［参考文献］

井筒俊彦『神秘哲学：ギリシアの部』岩波書店、二〇一九年
河島茂生「ネオ・サイバネティクスの理論に依拠した人工知能の倫理的問題の基礎付け」社会情報学五巻二号、二〇一六年、五三―六九頁
河島茂生「ビッグデータ型人工知能時代における情報倫理：個人的次元／社会的次元の峻別と二重性に着目して」西垣通編『基礎情報学のフロンティア：人工知能は自分の世界を生きられるか？』東京大学出版会、二〇一八年、五九―八〇頁
河本英夫『オートポイエーシス：第三世代システム』青土社、一九九五年
木村敏『あいだ』筑摩書房、二〇〇五年
竹内整一『やまと言葉で〈日本〉を思想する』春秋社、二〇一五年

谷口忠大『記号創発ロボティクス：知能のメカニズム入門』講談社、二〇一四年
ドミニク・チェン『インターネットを生命化する：プロクロニズムの思想と実践』青土社、二〇一三年
中沢新一「創造の出発点」安藤礼二＝若松英輔編『KAWADE道の手帖 井筒俊彦』河出書房新社、二〇一四年、七六-八〇頁
西垣通『基礎情報学：生命から社会へ』NTT出版、二〇〇四年
西垣通『続　基礎情報学：「生命的組織」のために』NTT出版、二〇〇八年a
西垣通『デジタル・ナルシス：情報科学パイオニアたちの欲望』岩波書店、二〇〇八年b
西垣通「ネオ・サイバネティクスの源流：ノーバート・ウィーナーとウィリアム・ジェイムズの交叉点」思想一〇三五号、二〇一〇年、四〇-五五頁
西垣通『生命と機械をつなぐ知：基礎情報学入門』高陵社書店、二〇一二年
西垣通『AI原論：神の支配と人間の自由』講談社、二〇一八年
西垣通「読書日記」『毎日新聞』二〇一九年三月二六日夕刊
原島大輔「階層的自律性の観察記述をめぐるメディア・アプローチ」西垣通編『基礎情報学のフロンティア：人工知能は自分の世界を生きられるか?』東京大学出版会、二〇一八年、一三七-一五七頁
原島大輔「社会的自律性の活性度と情動」社会情報学八巻一号、二〇一九年、三一-四七頁
山内勝利編『ソクラテス以前哲学者断片集 第1分冊』岩波書店、一九九六年
渡邊淳司『情報を生み出す触覚の知性：情報社会をいきるための感覚のリテラシー』化学同人、二〇一四年
Clarke, Bruce, and Hansen, Mark B. N., "Neocybernetic emergence: Returning the post-human," in *Cybernetics and Human Knowing*, Vol. 16 No. 1-2, 2009, 83-99. 大井奈美（訳）「ネオ・サイバネティックな創発」西垣通＝河島茂生＝西川アサキ＝大井奈美編『基礎情報学のヴァイアビリティ：ネオ・サイバネティクスによる開放系と閉鎖系の架橋』東京大学出版会、二〇一四年、一七三-一七四頁
Damasio, Antonio, *The Strange Order of Things: Life, Feeling, and the Making of Cultures*, Vintage, 2018. 高橋洋（訳）『進化の意外な順序：感情、意識、創造性と文化の起源』白揚社、二〇一九年
Foerster, Heinz von. *Understanding Understanding*. Springer, 2003.
Glasersfeld, Ernst von. *Radical Constructivism: A Way of Knowing and Learning*, Falmer Press, 1995. 西垣通（監修）橋本渉

（訳）『ラディカル構成主義』ＮＴＴ出版、二〇一〇年
Harnad, Stevan, "The symbol grounding problem", *Physica D: Nonlinear Phenomena*, 42(1), 1990, 335-346.
Maturana, Humbert R. and Varela, Francisco J., *Autopoiesis and Cognition: The Realization of the Living*, D. Reidel Publishing Company, 1980.　河本英夫（訳）『オートポイエーシス：生命システムとはなにか』国文社、一九九一年
Searle, John R., "Minds, brains, and programs", *Behavioral and Brain Sciences*, 3(3), 1980, 417-424.
Uexküll, Jakob von, and Kriszat, Georg, *Streifzüge durch die Umwelten von Tieren und Menschen*, Fischer, 1970.　日高敏隆＝羽田節子（訳）『生物から見た世界』岩波書店、二〇〇五年
Varela, Francisco J., *Autonomie et Connaissance*, Seuil, 1983.
Varela, Francisco J., *Ethical Know-How: Action, Wisdom, and Cognition*, Stanford University Press, 1999.
Varela, Francisco J., Thomspon, Evan, and Rosch, Eleanor, *The Embodied Mind: Cognitive Science and Human Experience*, The MIT Press, 1991.
Wiener, Norbert, *Cybernetics: or Control and Communication in the Animal and the Machine*, The MIT Press, 1965.　池原止戈夫ほか（訳）『サイバネティックス：動物と機械における制御と通信』岩波書店、二〇一一年

第Ⅱ部　情報技術と心の自律性

第三章　ロボットの自律性概念

谷口忠大

一　はじめに

本章の主たる目的は、人工知能やロボティクスの工学的研究における自律性概念と哲学的に考察されてきたネオ・サイバネティクスの意味での自律性概念を架橋することである。特に序章や第一章で述べられたオートポイエーシスや、フェルスターの議論に基づく自律性、つまり、制御の制御による閉鎖系がもつ自律性（ラディカル・オートノミー）をもつ心的システムの人工的な実現の可能性に関して議論したい。

ネオ・サイバネティクスにおける「自律性」の用法に従えば、二〇一〇年代のロボットや人工知能が疑似的な自律性しか有さないことになるのは序章で河島が、第一章で西田が主張するとおりであろう。現在の機械が示す見かけ上の「自律性」と、人間の心的システムがもつ自律性の間には根本的な断絶がある。しかし、オートポイエーシスの議論に従ったとき、人工知能やロボットの内部に存在する心的システムがこれからも将来にわたって自律性を有さないという主張となれば、全くもって自明ではない。ロボットの身体は人間が作る。ゆえにアロポイエティックであり、境界は外部から定められる。しかし、それは生命システムという視点から見た場合の自律性の議論であり、心的システムとしての自律性の議論ではない。果たして人工知能やロボットが未来永劫「自律性」を有さないのだろうか。ロボットが自律性（ラディカル・オートノミー）を得るに至る道筋は何であろうか。

この問いは、人間の認知の構成論的研究としての人工知能やロボティクスという視座をとる場合にはより致命的である。それは自律性を明示的にモデル化できるか、私たちが明晰に理解できるかという問題とほぼ等価となるからである。本章ではネオ・サイバネティクスにおける自律性と、素朴な自律ロボット研究における自律性の差異と類似を検証しつつ、コミュニケーションする知能に至る発達的知能の構成論としての記号創発ロボティクス、および、それを支える記号創発システム論が捉える自律性に接続していきたい。ここでオートポイエーシスが機械論であることが大きな役割を果たすことになる。記号創発ロボティクスが実現しようとする心的システムが持つべきはまさにネオ・サイバネティクスの意味においての「自律性」なのである。

多様な分野にわたる学術界において「自律性」という言葉の意味はやはり多様である。言葉の定義はしばしば道具的であり、その意味は学問分野や文脈に依存するのが現実である。「自律性」という言葉とて例外ではない。解くべき問題が異なる分野においては、その言葉によって差異化しようとする対象が異なり、結果的に、その意味が分野相対的にある程度異なっているのは健全なことである。ロボティクスや人工知能の分野においては、人間や動物の知能の実現を一つの模範として、それを私たちが持つ数少ない工学的実現方法をなんとか組み合わせることで、知能を模倣し実体化させようと長年の努力を積み重ねてきた。そのなかで自律性概念は社会的に構成されてきた。一方で、システム論、特にネオ・サイバネティクスの思想において、分析的思考と議論を通じて人間の知や生命の本質を捉えようと自律性概念は練られてきた。この二つが、現状で素朴な意味において一致しないのは当然である。もしかすると、人工知能の研究が将来的に最終局面に至り、それらが生命的になり、人間の知能の実現に到達したとすれば、その時には両分野における自律性概念も一つに収斂しているのかもしれない。それぞれの分野によって理解される素朴な概念は、時代と共に変化する。人工知能という言葉の保つ意味も時代と共に変わり続けている。第二次人工知能ブームと第三次人工知能ブームにおいて、人工知能という言葉が指すものも様変わりした。第二次人工知能ブームでは人工知能とは主にエキスパートシステムであり、知能とは人間が作るものだった。第三次人工知能ブームでは人工知能とは主に機械学習（場合によっては深層学習）のことであり、知能とは実世界から計測されたデータと、人間から与えられたラベルデータによって学習されるものだった。人工知能の概念が様変わりしていると考えられるので、その分野において社会的に構成される自律性概念も少しずつ変化しているし、変化していくだろう。そのような背景のなかで、本章では、あくまでも、二〇一〇年代末における人工知能とロボティクス研究や議論を背景として議論を始めたい。

本章ではまずロボティクス研究および人工知能研究において、素朴に用いられる自律性概念について取り上げ、筆者による議論と整理を行う。次に、ネオ・サイバネティクスの側としては第一章の議論と同様にマトゥラーナやヴァレラのオートポイエーシス、およびフェルスターの制御の制御による閉鎖系がもつ自律性を取り上げ、対照したい。その後に、それらの概念の接続、および、将来における融合の可能性を議論する。

本章の目的は、自律性概念の真の定義を明らかにすることでも、ましてや、人工知能やロボットが未来永劫「真の『自律性』を持ちえない」と頭ごなしに否定することでもない。冒頭述べたとおり、両分野における自律性概念を架橋することである。人工知能やロボティクスにおける技術的背景や数理的事実を把握しないままに思弁的になされる非生産的な思想側からの批判や、工学側やその成果を安易に拡大解釈する人々がもたらす素朴な自律性概念（もしくは、素朴にも理解していない自律性概念）に基づく人工知能の自律性に関する浅薄な議論を適切に抑制し、その議論を生産的にするための相互翻訳を実現することである。その先に、オートポイエティックな心的システムと社会システムを構成的に理解するという道筋が開ける。それはすなわち、自律的なロボットが創造されるということかもしれないし、心的システムと社会システムが相互結合することで支えられる記号創発システム、もしくは、階層的自律コミュニケーション・システム（HACS）を支える自律性が理解されるということかもしれない。

二　ロボティクスにおける自律性

二・一　ロボティクス分野と素朴な自律性概念

本章の主題はロボットである。ロボティクスにおいて自律性がどのように捉えられてきたかを紹介し、ロボティクス分野における自律性概念を明晰にすることが、その第一歩として重要であろう。『自律ロボット概論』の著者ジョージ・ベーキーは自律ロボットに関しての自律性を以下のように説明する。

自律性とは、実世界環境の中で、システムが長時間、外部からの制御なしに動作可能であるということを指す。従って、生物システムは、自律型システムの手本である。生物システムは、動的な環境の中で長時間生存でき、内部構造や内部処理を維持し、栄養補給のための物質の位置同定・獲得のために環境を利用し、様々な行動（接触、採取、交配など）を行うことが出来る。また、生物システムは制限はあるが、環境変化に適応することもできる。

行動に重点を置くということは、岩は自律型システムとは考えないということである。明らかに、岩は外部制御なしで環境内に存在するが、環境内で動く能力も、どのような行動を見せる能力も持たない（Bekey, 2005）。

この説明は、自律性概念に関する厳密な定義を与えているわけではないが、ロボティクスの研究者にとっての自律ロボットに対する最大公約数的な理解を表現しているといってよいだろう。

また、身体性認知科学の名著であり、ロボットを用いた知能の構成論的研究の導入書籍としても有名な『知の創成』においてロルフ・ファイファーらは自律性に関して以下のように述べている。

自律性とは、一般に外部からの制御が存在しないということを意味している。自律性とは、「あるかないか」といったたぐいのものではなく、程度の問題である（Pfeifer & Scheier, 2001）。

ロボティクスはハードウェアからソフトウェアまでを含む広範な対象領域をもつ分野である。材料から機構、センサからモータというハードウェアから、感覚運動といった低次認知機能から計画や思考といった高次認知機能までのソフトウェアまでがその研究対象に含まれる。ロボティクスは人間や生物のモデルとしてのロボット——機械システムを現実世界の中で構成するということを本質的な使命としており、工学と情報科学の総・合・百・貨・店・とまでいわれる多様性を有する。そのような多様性を束ねる考え方が、人間や動物のように実世界で活動できる、もしくは活用できるロボットを構築しようという漠とした目標なのである。素朴な意味で自律的なロボットを作るという目標は、自然とその内部に包含されることとなる。

二・二　自律ロボットと環境適応

上記のベーキーの文章にも表われるように、自律性を考える上で、重要な要素は環境適応性である。環境適応性は進化論的な視点においても重要な概念であろう。環境適応には大きく分けて、種が環境に適応する系統進化による適応と、個体が発達や学習または即時的な適応によって行う個体での適応がある。

生命の進化においては、交叉と突然変異による多様性の創出と、自然淘汰による選択を通じて、遺伝形と表現形の成す膨大な探索空間の中から解探索が行われていく。これが種の系統進化による環境適応である。生物が適応すべき環境自体が他の生物や、他の要素の影響を受けて変化するので、それは単純な最適化問題に帰着されるわけでは無いが、進化は最適化問題のアナロジーで捉えられる。系統進化はその最適化計算のソルバー（解探索機）である。ロボティクス研究においては、そのソルバーが、ロボットを生み出す研究者や技術者による多様性の創出と、そして、それが現実に動くか、効率的に動くか、というのを淘汰する実環境や市場による選択によって形成されているという見方ができる。その中で自律ロボットは進化していくのである。この範囲においては、自律ロボットはアロポイエティック・システムであり、人間の手が無ければ制作されることはないが、その全体としては研究者や技術者の試行錯誤を通して進化し、系統進化的な意味において環境適応していっているのである。

ロボティクスや人工知能の研究において個体レベルでの環境適応性にはいくつかの階層があり、それぞれに重要である。一つが多様で不安定な環境に対して即時的に適応できる能力であり、たとえば、地面が平坦な道から急に緩やかな坂道になっても転倒すること無く歩行を続けられるといった比較的低次で短期の環境適応性がある。これに対して、試行錯誤を通して、ある振る舞い（たとえば、四足での匍匐前進）を学習していくという比較的高次で長期の環境適応性もある。短期的な適応から長期的な適応までのスペクトラムをもちながら、生物システムは柔軟に自らを変容させ、頑強に環境変化に対応することで生きていく。同様に、自律的なロボットは動的で多様な環境のなかで、活動をし続けなければならない。そのためには、真に自律的なロボットは環境への適応性をもつことが不可欠なのである。

二・三　ロボットの自律性と人間の介入

自律ロボット研究は、「人間や動物のように外部からの指令なしで、環境で活動し続けられるような、機械システムが作れるか?」という純粋な学究心から取り組まれる場合もあるし、「人間が入れないような環境において、作業を続けられるロボットを作りたい」という産業的動機から取り組まれる場合もある。後者は火星の探査機、原子力発電所内の作業機械、海底探査機などの極限環境作業ロボットが対応する。いずれにせよ、生物システムと同じように、実世界で活動し続けられるロボットを構築することが自律ロボット研究の大きな目標なのだ。また、上記の意味での「自律性」は程度問題であり、人間の介入が少なく済めば済むほど自律性が高いと見なされる。私たちの社会において人間の介入が少なくて済むということはユーザの手間を減らせることであり、操作者や技術者の人件費を抑えることができるために「コストを減らせる」ということである。つまり、産業的に価値がある。このような形で現在ロボットへの自律性導入が押し進められている典型的な例が自動運転車[1]であろう。また、将来的な実現が期待されている自律的な家庭用サービスロボットもこのような文脈のなかで捉えられる。

環境の複雑さという意味では、道路空間にはさまざまなルールが定められており、それらが環境の複雑さを低減させているために比較的単純である。それゆえに、自動運転車はすでにさまざまな国で利用が進んでいる。自動運転車は道路空間という環境の中で、長時間において人間のニーズを満たしながら、行動し続けられる。一方で、家庭用ロボットの環境の複雑さは意外にも大きい。階段の登り降りや、認識し操作しなければならないさまざまな物体といった物理環境の複雑さや、各世帯での言語コミュニケーションに依存する語彙知識や語用論的知

（1）英語では Autonomous Vehicle であり「自律的な乗り物」を意味する。

識、社会的立場などといった社会環境の複雑さがあり、その環境の複雑さ自体にも多様性がある。ゆえに、家庭用の自律ロボットが私たちユーザを満足させる水準に到達するには今しばらく時間がかかるだろう。

いずれにせよ、このように、外部から人間の操作を要さない、もしくはそれが極めて少なくて済むという点が産業を巻き込んだ現実の中で自律ロボットを議論する際には、やはり重要である。

ここで一つ注意すべきことは、自律ロボット研究において、現在の研究途上のロボットは完全な自律性を持っていると主張されていることはほとんど無く、生物システムのような自律性、つまり、環境に適応して生き抜ける力をロボットに持たせることが目指されているということである。自律ロボット研究に於いて、研究者自身が「このロボットは自律的である」と明確に主張することは少ない。実際の人工知能研究者が自らの作ったシステムを、「人工知能だ」と主張することがほとんど無いのと同じく[2]。

自律ロボットや人工知能といった学問分野は「人間／生物のような自律システム／知能を人工的に実現する」ということを目指す分野であり、その分野名称は「現前しない存在」によって冠されているのである。生物学や経済学が、「現前する存在」である生物や経済によって冠されているのと大きく異なる。それゆえに、自律ロボット研究者が現在、自律ロボット研究において扱っているロボットを取り上げて、批評家が「自律性がない。ロボティクスの研究者は自律性を過小評価している」と指摘することは的外れだ。ロボティクスの研究者は自らの自律ロボット研究において素晴らしいシステムを作ったとしても、「それが完全な自律性を持っている」などという主張はそうそうしない。多くのロボティクスの研究者が持つ自律的なシステムのイメージは、やはり生物システムなのだ。そして、それは、個体として存在し続けるだとか、意識を持っているだとか、そういうことでは無くて、むしろ、この複雑な環境の中で、生命を維持して、生き続けられるという点が重要なのである。

二・四　自律ロボットと意思決定の表現

次に、自律ロボットにおける自律性において、行動の存在が重要であることの意味を、環境において行動し続けるという意味とは別の視点からも提示したい。それは、ロボットを「意思決定主体として見なす」ということである。自律ロボットを考えるときには、それは環境の状態認識に基づいて、意思決定を行い、行動を出力することで、活動を続けるという見方がよく採用される、ということだ。これは観察者の視点をロボットの一人称的視点に置くことをも意味している。これは序章においてなされた自己決定性の議論と重なる。

一般的な記法に従い、時刻tでのロボットの状態をs_tと書き、行動をa_tと書くことにしよう。この表現は人工知能の議論においても一般的である。ここではsがState（状態）、aがAction（行動）の頭文字になっている。現実的にはロボットは自らの状態を自らのセンサでは直接認識することができない場合が多い。たとえば自分の位置については空中から自らの位置を俯瞰できるわけではなく、自らの体についているカメラや距離センサから得られた情報から推定しないといけないのだ。この場合は観測o_tという変数を考える。o_tはObservatoin（観測）の頭文字である。s_tをo_tやa_tの系列から推論する問題は状態推定の問題と呼ばれ、自律ロボット自身が解くべき問題として含まれることになる。その場合、推定されたs_tは潜在変数、つまり、ロボットが内部に持つ内部パラメータ（もしくは、内的表象）となる。

この前提の下では、状態s_tの下での、ロボットの行動決定は確定的なシステムでは$a_t = U(s_t)$と表現される。より一般的には確率的になるので$a_t \sim P(a_t|s_t)$と書かれる。これらは、制御工学の分野では制御器、強化学習の

（2）そのような主張をするのは、いつも分野外の人間や、メディアの人間、バズワード化することにより利益を得られる人々である場合が多い。

分野では方策と呼ばれるものである。ここで「~」は右辺の確率分布から一つ値をサンプリングし、左辺の変数に代入することを意味する。また、$P(Y|X)$ は X が観測された、もしくは推定された条件の下での、Y の確率を表している。

多くの物理システムのように、状態にマルコフ性があると仮定される時、ロボットの行動 a_t が決定されるとそれがモータ系から実現され状態が変化する。たとえば、常微分方程式で書き下せる多くのロボットシステムの力学系を差分近似した場合などがこれにあたる。生じる状態変化は、確定的システム表現の場合は $s_{t+1} = F(s_t, a_t)$ であり、確率的システム表現の場合は $s_{t+1} \sim P(s_{t+1}|s_t, a_t)$ と書くことができる[3]。なお、状態推定は $P(s_t|o_{1:t}, a_{1:t-1})$ と定義されることが多い。ここで添字 $_{1:t}$ は時刻1から時刻 t までを表しており、$x_{1:t} = \{x_1, x_2, \dots, x_t\}$ である。なお、この表記は一般的な表記であって、実際には、行動意思決定が階層的であっても構わない。たとえば上位の意思決定 a_t^{high} が起きてから、下位の意思決定 a_t^{low} が生じて、結果として a_t が出力されるという階層的意思決定システムを考えても構わない。その実現には膨大な研究と実施例があるが、質的には上記の一般的な枠組みの部分として捉えられ、その範疇に収まるので、自律性如何を議論する際の論点にはならないと筆者は考える。

自律ロボットの形式的な定義としては、システムが行動 a_t を決定する行動意思決定を持ち、それが環境に合わせて選択され続けるという状況をもって、一つのスタート地点とできるだろう。その条件は自律性の十分条件というよりは、自律性の必要条件である。自律ロボット研究が生み出すロボットが「自律ロボット」であるためには、上記の前提を満たした上で、意思決定を続けて、動き続け、環境適応を続けなければならないのだ。

二・五　物理・数学における自律性とロボティクスの自律性

さて、ベーキーの著作から引用した文において「『岩』は自律型システムとは考えない」という主張が含まれているが、これは自然なように思えて、実は数理モデルの視点からは強い言明を含んでいる。

物理学や数学において自律性とは、それ自体で駆動し続ける閉じたシステムのことを指す。たとえば、状態 s に関する差分方程式 $s_{t+1}=H(s_t)$（もしくは、$s_{t+1}\sim P(s_{t+1}|s_t)$）は自律的なシステムである。[4] これは外力が加わり、その影響で変化していくシステムを議論から除くための定義である。この場合、興味深いことに、自由落下運動する「岩」は自律システムとして見なされる。むしろ、自由落下運動する「岩」は自律システムの典型的な例である。

さて、この物理・数学における自律性の定義から見たときに、先に示した、自律ロボットにおける自律性概念がどのような立場になるかを明晰にしたい。

自らの制御器 $a_t=U(s_t)$ もしくは方策 $a_t\sim P(a_t|s_t)$ を持って行動する場合、確定的システムであれば $s_{t+1}=F(s_t, U(s_t))=H(s_t)$ となり、確率的システムでは $P(s_{t+1}|s_t)=\Sigma_{a_t} P(s_{t+1}|s_t, a_t)\,P(a_t|s_t)$ と書けて、自律ロボットの状態空間における力学系は上記、物理学、数学の意味で自律システムとなる。[5] 後者の数式操作は確率論（ベイズ理論）では「行動 a で周辺化する」「行動 a を積分消去する」という言い方をする。つまり、自律システムの意思決定の部分から内部視点を外し「積分消去」することで、状態 s_t を推定することのできる観察者から

（3）確率的システムは確定的システムを含むので本来は後者のみで良いが、不慣れな読者も多いと思うので前者も記す。

（4）本来は常微分方程式 $s=H'(s)$ でもって議論する場合が多いが、ここでは前後で離散時間表現を用いていることから、差分方程式化したものについて議論する。簡単の場合には、この差分方程式は前記常微分方程式をオイラー近似したものであると考えればよい。

（5）状態 s_t や行動 a_t が連続変数の場合は Σ による和算は ∫ による積分に置き換えられる。

すれば自律ロボットの挙動は「岩」と同じような意味での自律システムと見なせるのである。もちろん人間や生物のような複雑なシステムであれば、外部観察者がシステムの内部変数まで含んだ s_t を特定することはできず、その挙動は「岩」よりずっと複雑に見える。なお、これから派生して、自らのなかでダイナミクスが閉じたシステムのことを自律的なシステムと呼ぶことがある。言語学において統語論が自律的なシステムであると言う場合はこの意味で用いられる。

さて、この視点からすれば、自律ロボット研究における自律性概念は少なくとも物理学や数学における自律性概念から一歩踏み込んでいることになる。つまり、人工的な意思決定主体という視点の導入である。ここで、これが視点の導入という、現象を見るモデルの違いであることには注意が必要である。計算機の脳を持つ自律ロボットはいかなるときでも、身体と環境の相互作用という物理的現象や内部の計算処理という電気的現象によって駆動されており、それらをすべて「積分消去」すれば、「岩」と同じような物理・数学における意味での自律システムとなる。ゆえに、「『岩』は自律システムではない」という主張に立ったとき、自律ロボットの振る舞いが結局環境との相互作用によって決定されるから自律システムでないと論じるのは、ベーキー始め、自律ロボット研究が認識してきた論点を把握できていないことを意味する。その論点を提出する時に重要なのは視点の問題であり、ロボットの内部視点を取ることが重要であるということはすでに暗黙の内に主張されているのである。

その意味において、自律ロボットにおける、自律性概念とは、以下のようにまとめられるであろう。

1．必要条件として、物理学や数学の意味での自律性に近い概念、つまり、外部からの人手による操作が入らないシステムであることを工学的な前提とする。

2．ロボットの内部に意思決定主体の観察者視点を仮定して、それを含んでモデルとして捉え、設計対象とすることを要求する。

3．自律ロボットがどれほど自律ロボットとして優れているかの程度は、実環境においてどれほど環境適応的に、長期にわたって支障なく活動できるかという視点によって測られる。それは、人間の知能や、多くの生命システムが実世界への環境適応によってその適応度の程度を測られてきたのに等しい。

ここでの実環境とは、広義であり、物理環境のみならず、人間とのコミュニケーションを含んだ社会環境を表すことを意味する。

ただ、物理や数学の意味で自律的であればよいだけであれば、「岩」で事足りる。自律ロボットの議論においては、また、モデルとして意思決定主体の視点を想定する。これはあくまでもモデルであり、そこに「人間と同じ自律性が存在しないから、自律性がない」であるとか「ロボットは観察者にはなりえない」というような批判は、しばしば論点相違の詭弁になりかねない。また、その自律的なシステムが自らに必要なエネルギーを獲得し、また、求められるタスクをさまざまにこなし環境適応を行っていくこと自体が重要なのである。

その意味においては、現状の自律ロボットに自律性があるかどうかを思弁的に問う議論はしばしば不毛であり、むしろ、体系的に分類されたタスク群をいかにしてこなし自律ロボットが活動を続けられるかという環境適応の視点こそが自律ロボットにおける自律性の議論において重要となる。ここでタスクとはゴールとほぼ同義であり、生き抜かねばならない環境とは、工学的議論においてはロボットが向き合うタスクの集合体として解釈される場合が多い。

環境適応を議論の外に置き、システムのもつ要件によって自律性を議論しようとする場合、「生命的な自律システムならば、内部変数を持つべきだ」とか、「学習できるべきだ」とか、「自ら意思決定ができて適切なタイミングで適切な行動が選択できるべきだ」といったような議論の立て方が存在するが、それは自律システムの必要条件を満たすための議論ではなくて、自律システムが環境適応し続けて存在し続けるために必要な条件に関する議論であるべきなのである。つまり、環境適応性の下に属する議論なのだ。

上記の議論において自律ロボットを内部視点から捉えるという言葉を用いたが、これは一義的には哲学的な主張を行っているのではなくて、ロボットの情報処理システム自体が現実的に利用できる情報に関して述べているものである。完全な自律ロボットはその定義から、自らのセンサ情報（感覚器から得られる情報）とモータ情報（運動器から得られる情報）しか受け取ることができない。この感覚運動循環（センサ・モータループ）のなかで逐次意思決定を行っていかねばならない。生物の認知が自らのもつ感覚運動器が得る情報にしかアクセスできず、それにより構成される環世界から離れて外部観察者となれない状況を「認知的に閉じ」ているということがある。この意味において、自律ロボットの世界も「認知的に閉じ」ているのだ。自律ロボットの内部視点からすれば、その世界には内部も外部も存在しない。その中での情報の流れが彼の世界のすべてなのである。

ヤーコプ・フォン・ユクスキュルが『生物から見た世界』の中で生物の感覚運動器で閉じた情報で構成される世界を環世界（Umwelt）と呼んだ。この意味においては、自律ロボットは環世界を構成し、そのなかで活動を行うのである。本当に人手を介さず、環境適応を行っていこうとすれば、環世界のなかで学習も行っていかなければならない。

このような議論を行うと、「ロボットの認知は閉じているかもしれないが、世界を知っている人間の設計者によってその行動則が設計されるのだから本質的には閉じていないのではないか」という指摘があるかもしれない。しかしそれは、ロボットの意思決定に関わる知能や行動則の、設計に関わる問題であり、センサモータ系による「認知的な閉じ」とは区別して議論されるべき問題である。

三　人工知能における自律性

生物であっても、遺伝的にほとんど発生後の行動則が規定されてしまうものもいれば、生後の学習により行動則を大いに変化させることのできる種までさまざま存在する。人間がその適応性において秀でている種であることは間違いないが、やはり、その学習能力や適応能力においては完全無欠であったり、理想的に柔軟であったりするわけではない。その能力の多くは、この世に生を受けた時点で大きく制約されている。

なお、自律ロボットと生物システムを対比する際に、工場出荷と誕生を対応づけるアナロジーをもつことは何かと有用である。つまり、研究者が決定した部分は、生物においては遺伝的に決定された部分に対応する。また、自律ロボットが実環境にでてから学習・適応する部分は、生物システムが実環境の中で学習・適応する部分に対応する。発達心理学における「氏か育ちか？（nature or nurture）」の議論は、自律ロボットでは「事前設計か事後学習か？」の議論に対応するのである。

三・一　環境適応と「認知的な閉じ」

人間のような適応的な種は、この感覚運動循環の中で、徐々に、行動を獲得したり、概念を形成したり、言語を獲得したりすることができる。私たち人間は、たとえば「りんご」の概念をもつことで、「りんご」を「りんご」として認識することができる。これは、人間が「りんご」の概念をもつことによって、環境認識の仕方を変えていることを意味するが、重要なのはこの「りんご」の概念自体を人間は自らの感覚運動循環のなかで形成していっているということである。発生的認識論を説き、発達心理学の開祖として認識されるジャン・ピアジェはシェマモデルの概念を導入して、環境を認識するための認知システムそのものが感覚運動情報の自己組織化過程を通して立ち現れてくるという描像を示した。これは今では構成主義という立場に括られる視点である。本書で繰り返し言及されるオートポイエーシス論も同じ構成主義の立場である。

一方で、自律ロボットが物体の概念を自らの感覚運動情報だけから形成することや、環境との相互作用だけから行動を学習することも不可能ではない。このようなロボットの発達的学習は精力的に研究されており、これから数十年をかけて持続的に発展していく分野であろう。記号創発ロボティクス（谷口、2014）や発達ロボティクス（Cangelosi & Schlesinger, 2015）がこのような分野に相当しており、このような構成の重要性を議論するために、本節では人工知能における学習、つまり、機械学習について概説し、人工知能における自律性に関して議論したい。

三・二　深層学習の成功

世の中で人工知能という言葉の指すものは、この十年ほどで大きく変わった。とくに二〇一二年頃から始まった第三次人工知能ブームとでも呼ぶべきものにおいては、深層学習をその代表とした機械学習が、人工知能の主要分野として躍り出てきた。昨今、機械学習やパターン認識と人工知能を同一視したり、深層学習と人工知能を同一視したりして不用意な発言が行われる場合もあるが、本書が扱うような学術的議論では注意して避ける必要がある。ここでは、人工知能というのは人工的な知能の実現を目指す大分野、機械学習はその中の副分野であり、深層学習はその中でニューラルネットワークを用いた一手法群とした正確な学術的定義に基づいて議論を進めたい。

機械学習や、特に深層学習の昨今の目覚ましい成果は、生物の自律性や環境適応を行ってきた私たちという自律的な知能の「認知的な閉じ」に関して重要な示唆を含んでいる。外部観察者としての設計者が、実世界パターン処理におけるルールを手で書き下すことの限界を教えてくれたのである。ロボットや人工知能が使う認識や行動のためのルールは人間が設計するものから、ロボット自身が獲得するもの（つまり、機械学習に基づくもの）へと移り変わってきているし、今後とも移り変わっていくだろう。なぜならばそれが自然の要請だからである。

画像認識や音声認識といったパターン認識もしくはパターン処理において、これまでのアプローチが失敗し、深層学習が成功した理由の一つに、環境適応の結果として人間が得たパターン認識や処理のルールを、形式的な知識としては書き下せないし理解しきれないという現実がある。結局のところ、研究者や設計者が直接、パターン認識器をルールベースで記述すると、良いものが得られないのだ。これは、実世界に存在しているパターンの分布が実世界の不確実性や複雑性ゆえに、そんなに綺麗な数式やルールでは記述できないことが理由の一つである。人間という種はそれに対応すべく、脳神経系を発達させて、適応的にパターン処理システムを自己組織化させることに成功してきた。他の多くの動物種でも同様である。

パターン認識やパターン処理の多くの問題は、入力のパターンXに対して、出力のパターンYの事後分布P(Y|X)を推定する問題として定式化されるが、この確率分布を構成する数式に含まれるさまざまなパラメータを外部観察者としての人間が設計しようとしても、適切な答えを得ることが難しい。つまり、複雑な実世界情報のパターン処理のためのルールは、その実世界情報を直接的に触れない外部観察者の視点からは設計困難であり、実際に、その環境において得られる実世界情報に基づいて設計するべきだというのが、機械学習、および、深層学習の成功が教えるところなのである。すなわち、視覚処置や聴覚処理といった比較的低次の認知ですら、環境適応が重要であることを教えたのである。

三・三　機械学習の三つのクラス

二〇一〇年代半ばまでの、深層学習の成功の多くが「教師あり学習」に基づいてきたことは、示唆的である。これに関して「『教師あり学習』で学習する現在の人工知能は自律性が低く、『強化学習』や『教師なし学習』で学習する人工知能は自律性が高い」というような立論をする人もいるが、それも拙速である。機械学習理論そのものは自律性という問題を議論するのとは異なる次元に存在しているので、この分類が自律性の有無と直接的につながるわけではない。ただし、議論の整理には必要なために、上記の三分類に関して本節で簡単に導入する。(6)

機械学習器は簡単な整理のために、何らかの入力Xから出力Yを生成するものとして捉える。現在研究されている、さまざまな人工知能技術は、画像認識や、音声認識、機械翻訳といった、人間が行う知的情報処理の一部を担うものであることが多く、その意味では、この機械学習器は人工知能の一モジュールと見なすことができる。たとえば、人間の顔を認識する画像認識器では入力に顔写真のデータが入力され、出力に人物のインデックスが出力される。音声認識装置では、入力に音声データが入力され、出力に書き起こし文が出力される。これは入力Xに対していかなる出力Yを対応させるかという問題であり、事後分布P(Y|X)を推定する問題となる（確定的システムな場合はY＝F(X)）。機械学習における第一の問題は、このP(Y|X)を如何に推定するかという問題である。学習器がどのようなフィードバック情報を得て学習するかによって、教科書的には機械学習は三つのクラスに分類できる。

一つ目が教師あり学習であり、教師データ、もしくは、ラベル付きデータと呼ばれる学習用のデータの存在を前提とする。教師データとは入力Xと正しい出力Yのセットであり、この関係性P(Y|X)を直接学習することで機械学習器はさまざまなタスクを実現できるようになる。典型的には深層学習のニューラルネットワークを準備して、そのために大量の教師データを用いて上記確率分布P(Y|X)をニューラルネットワークで近似するの

だ。

二つ目が強化学習であり、入力Xが与えられた時に、出力Yを出すと、その評価値としての報酬Rが与えられることで、試行錯誤を通して徐々に$P(Y|X)$を改善していくというものである。強化学習はロボットを動かす方策$P(a_t|s_t)$を学習する時に用いるのが典型である。これは、ロボット自身が「何が正しい出力であるか」の情報を得られない場合や、人間にも分からない場合で、ただし、何らかの評価値は得られる場合に用いられる。

三つ目が教師なし学習であり、これは入力Xのみから学習を行う。基本的には入力Xの分布情報に潜む構造を推定するのが、主である。データをいくつかのクラスタ（グループ）に分けるクラスタリングや、画像などの高次元な情報を潜在空間に情報をできるだけ失わずに、表現する表現学習などが、教師なし学習の代表例である。確率モデルの視点では$P(X)$を直接モデリングすることに対応する。

上記議論に従って、教師あり学習よりも強化学習のほうが自律的であり、強化学習よりも教師なし学習のほうが自律的であるなどという、性急な議論がなされる場合もあるが、ここではそのような拙速な議論は避けて、環境適応性や、学習時における人間の介入と関連づけて説明しよう。

この三分類と自律性の議論を関連づける際に慎重に議論しなければならない理由は少なくとも二つある。第一に、実は確率モデルの視点からは上記三つはすべて、確率分布の分布学習問題と、その推論問題に帰着されるということだ。もう少し荒く言えば、上記の三つともがマルチモーダルな確率分布の教師なし学習問題に含まれるために、上記三つの分類の境界線は極めて曖昧なのである。第二に、上記整理はあくまでも「数理モデル上」の話であり、それが実環境においてどのように実現されるか、総合的な知能、自律ロボットの中でどのように用い

（6）この三分類に関しては、谷口（2014）の第一一章などに詳しい。

られるかに関しては、何の制約もないからである。外部観察者からは教師あり学習に見えるものが、数理モデルとしては教師なし学習であったりする。

前者について概説しよう。マルチモーダルな確率分布の教師なし学習について説明するために、モダリティが二つあり、入力1（x_1）と入力2（x_2）がある場合を考えよう。ここでモダリティとは感覚情報の経路のことを指し、マルチモーダルというのは他種類の感覚の経路を持つことを意味する。典型的にはx_1が視覚情報を表し、x_2が音声情報を表すといったような場合である。このときマルチモーダルな確率分布の教師なし学習とは$P(x_1, x_2)$の同時分布をモデル化することに対応する。

さて、$P(x_1, x_2)$の同時分布が学習できたとする。ここで確率論の基礎（ベイズ理論）の一部である乗法定理を用いれば$P(x_2|x_1) = \frac{P(x_1, x_2)}{P(x_1)} = \frac{P(x_1, x_2)}{\Sigma_{x_2} P(x_1, x_2)}$であり、事後分布$P(x_2|x_1)$は同時分布$P(x_2|x_1)$における$x_2$での周辺化が少なくとも計算できれば、計算できることになる。ここでx_2を出力Y、x_1を入力Xとみなせば、これは教師あり学習のターゲットと等価である。このクロスモーダル推論、つまり一つの入力から別の入力の推論を直結させて専業的に学習器を置いて学習させているのが教師あり学習だと考えられる。また、強化学習はマルコフ決定過程の確率モデル上の推論問題に帰着できることが知られている[7]。ゆえに数学的にはすべてが同時分布の学習と確率推論の枠組みの中、つまりマルチモーダルな教師なし学習に含まれる。

三.四　自律ロボットに求められる機械学習

このように考えるとやはり、教師あり学習、強化学習、教師なし学習という間に、強固な分割線を引いて、それと自律性の有無の議論をつなげるのは、あまりに根拠として弱い。しかし、一方で、強化学習を行うロボットが試行錯誤をしながら徐々に学習を進めていっている様子を見ると、教師あり学習に比べると、自律的に学習しているように感じられるのも事実である。第一に、その違いはどこから来るのだろうか。そして、第二に、どのような場合に、強化学習が用いられ、なぜ用いられているのか。これらを考えるのは意義深く、それが自律性概念とつながるのである。

前者について考えると、私たちはロボットの行動意思決定における自律性のみならず、学習時における自律性についても注目しなければならないことに気付く。教師あり学習においては多くの場合、ラベルデータは人間によって与えられる。つまり人間が与える情報なしには、学習が進められないので、その学習プロセスは他律的であると言えるだろう。(8) 一方で、強化学習は報酬関数が与えられれば、自ら行動し、状態を観測し、学習を進めていくことができる。この意味において、教師あり学習よりは自律性が高いように見える。しかし、現実問題としては、報酬関数は人間による詳細な設計を要することが多く、その報酬関数に基づく学習が終わると、ロボットはただ同じような動作を繰り返す。この意味では、強化学習による学習もまたどこか他律的である。よって、強化学習を用いた試行錯誤による学習、つまり、学習の途中において人間の介入が無いことをもって自律性の根拠とすることも根拠として極めて弱い。

次に後者について考えよう。現在、教師あり学習が用いられている問題を列挙すると、画像認識、音声認識、機械翻訳などが代表例である。これらは、奇しくもロボット自らの身体を用いて、環境に働きかける「行動」を

(7)　詳しくはリバイン・セルゲイの解説論文がわかりやすい（Sergey. 2018)。
(8)　ただし、人間に次にどの入力に関するラベルを貰うべきかを自律的に決定することを教師あり学習に含んだ、能動学習と呼ばれる研究もある。

含まない学習である。また、実世界の感覚情報ではあるが、人間が理解することができる感覚情報であり、人間が解釈可能な記号や文字列を当てはめさせるような問題が多い。深層学習が成功を収めたこれらの問題はある共通した特徴を持つ。人間が入力Xの持つ高次元の実世界情報が持つ分布に関する知識を持たず、それが、どのようなルールで出力Yへと変換されるべきかに関する知識も持たない類いの問題群なのである。その代わりに、「XがどのようなYへと割り当てられるべきか？　変換されるべきか？」の情報は持っている。ゆえに、これら与えられる情報を用いて、XからYへの人間がわからない出力関係を計算機に推論させようという問題なのである。そこにロボット自身の身体や人間の知らない情報は関わらない。なので、教師あり学習程度の自律性の低さで十分問題を解けるのである。[9]しかし、強化学習が用いられる、ロボット制御の問題などでは状況が異なる。たとえば複雑な身体構造を持つロボットが、どのようなモータ出力を出せば、どのように状態が変化して、タスクを実行できるかを外部観察者である人間が事前に理解することはできない。そもそもロボットが出すべき正解のモータ出力Yを人間自身が知らないのだ。それを知るには、ロボット自身が動いて、自らのセンサ、モータ系から知る必要がある。言うなれば自らの環世界から知らねばならない。このような関係性を厳密な計測に基づいて事前に微分方程式系として定式化し、制御しようと試みたのがサイバネティクスの流れの中で二〇世紀に勃興した制御工学である。しかし、それは複雑で、不確実性に満ちた実システムを相手にした時に、さまざまな問題に直面した。それは自律システムが環世界の中で生きていて、その情報は外部観察者が事前に知ることが困難であるということと関係している。

人間がロボットの行うべき正しいモータ出力を知らないのであれば、人間が与えられる情報は正解の教師データではなく、「何を達成して欲しいか？」つまり「何の状態が望ましいか？」だけである。その意味では、教師あり学習における典型的な状況にくらべると、人間の介入は少なく、自律の度合いは高いといえるだろう。しかし、報酬値に関しては、通常、ロボットの感覚運動循環とは独立して設計者により外部から用意されるために、多くの場合は人間の介入が必要となる。

自律ロボットが環境適応するなかで、ロボットが得るべき知識は、環境に依存し、身体に依存する。言語的コミュニケーションなどを含めると、環境は物理環境のみならず、社会環境にも依存するだろう。家庭環境で各世帯の人間とコミュニケーションしないといけないロボットなどは、その個別環境への適応が求められる。そのときに、人間が、ロボットの報酬関数を個別に設計できるわけではない。そうなれば、ロボットがよりよく環境に適応していくためには、ロボットは自律的に自らの環境世界で生じる感覚運動情報に基づいて適応していくことが必要なのである。

生命システムは動き続ける。たとえば、人間の子供でも、外部から見れば必要性の全く分からない探索行動をよくとる。しかし、そのような能動的行動によって、自律的に環境を探索して、情報を得ている。能動性や自律性に真に向き合うときに、このような要素を議論に含めていくことが、ロボットや人工知能の自律性の議論には必要であろう。

(9) ただし、ここでの話は、教師あり学習の中でもパターン認識問題に対応する典型的な状況のみであり、教師あり学習という枠組みの中には$P(s_{t+1}|s_t)$を学習する、人間からの情報を必要としない、順モデル学習なども含まれることには注意が必要である。

四　記号創発ロボティクスとオートポイエーシス

四・一　自律ロボットから自律性概念へ

前節までで、自律ロボットにおける自律性概念をロボティクスおよび人工知能（とくに機械学習）の視点から見てきた。それらをあらためて整理すると以下のようになるだろう。

（1）自律性とは物理・数学の意味に近く、外部からの介入がなく行動を続ける。
（2）ロボットの内部観察者視点をモデルとしてもつ。
（3）自律ロボットにおける自律性の程度は環境適応し、活動し続けられることによって評価される。
（4）環境適応の途上の学習においても他者の直接的な介入がない。

環境適応が自律ロボットの程度を測る尺度なのであれば、環境の複雑性やその適応の難しさが、自律性が十分であるかどうかの重要な要素となるであろう。

第一章で西田は現在の人工知能やロボットがもつ自律性を見かけ上の「自律性」だと指摘し、フェルスターの議論を通じた制御の制御による閉鎖系がもつ自律性（ラディカル・オートノミー）との間の断絶を論じた。しかし、フェルスターやネオ・サイバネティクスで論じられる自律性と、自律ロボット研究がその未来において創造しようとする「自律性」は果たして本質的に異なるものなのだろうか。

ここで、現在の人工知能やロボットがもつ自律性と、未来の人工知能やロボットがもつ自律性は明に区別して論じられなければならない。なぜならば、本章の第二節で述べたように、自律ロボットや人工知能といった学問分野は「現前しない存在」によって冠されているのであり、現在存在する自律ロボットや人工知能はその意味において「自律ロボット」でも「人工知能」でもないからだ。

問題は自律ロボットが満たすべき要件である（1）～（4）を実現するために、研究が進んでいった先に存在する未来の自律ロボットがもつ心的システムが、ラディカル・オートノミーの意味においての自律性を有するに至るかどうかである。もしくは、自律ロボット研究が理想的な自律性に漸近していくと仮定した際に、その極限に位置するのがラディカル・オートノミーの意味においての自律性であるかどうかである。なお、ここではロボットの身体や機構に着目した生命システムとしての自律性ではなく、環境と相互作用をしながら認知して行動していく心的システムとしての自律性のみを議論する。

ここであらためてネオ・サイバネティクスにおける自律性概念に触れよう。筆者らの記号創発システムや記号創発ロボティクスの議論は、ネオ・サイバネティクスの文脈では情報概念の基礎を意味作用に注目して与えようとする基礎情報学の議論と軌を一にする点が多い。基礎情報学の議論においても西垣はヴァレラの定義した自律システムの概念を採用している。

「自律システム」は、観察者を前提として成立する。観察者から見たとき、システムが継続的単位体として存続し、かつ「構成的閉鎖系」であるならば、そのシステムは「自律システム」となる。断っておくが、この観察者は外側から客観的にシステムを眺めているのではなく、システムの作動にそった相互作用を介して、いわば内側からシステムを眺めるのである（西垣、2004）。

オートポイエティック・システムは自律システムの下位概念であると述べた上で、心的システムは「思考」という構成素を絶えず生産しているのでオートポイエティック・システムであるとしている。本書においては序章で河島が言及した通りである。

自律ロボットの議論においては、内部視点が重要であることはすでに現時点でおいて理解されており、要件の（2）に対応する。要件の（1）に関しては工学的な意味においてロボットを「操縦」しない限り、現在のどのような簡単な自律ロボットですら満たされるものであるし、オートポイエーシスの持つ機械論的な視点において自明のことであるので、自律ロボットとオートポイエーシスをその代表とするネオ・サイバネティクスの自律性概念を架橋する上で問題とはならない。

自律ロボットの自律性概念と、オートポイエーシスの自律性概念（ラディカル・オートノミー）を比較する際に重要になるのは以下である。オートポイエーシスの側からは、その心的システムが「構成的閉鎖系」であるか、また、その作動を通して「思考」という構成素を絶えず産出し続けるかということが問題である。自律ロボットの側からは、他者からの介入なく、環境適応を続けられるかという点が問題となる。そして、この世界で生き続けられるかどうかが問題なのである。

四・二　情報の自己組織化と制御の制御による閉鎖系

理想的な「自律ロボット」は自らの環世界において学習においても行動においても活動し続けなければならない。その上で環境適応し続けなければならないのだ。このような極めて現実的な問題を解決する上で、外部観察者としての人間による設計や学習への関与が正しい解ではないことは、第三節で述べたとおりである。

自律ロボットが実環境で適応的に生き抜いていくために必要な知識の一部は物体認識や障害物回避など人間がラベルづけを行い教示したり設計したりできるものもある。しかし、自律ロボットにとっての出来事はすべて自らの環世界の中で生じることであり、本質的にその問題とそれに関わる情報は自らの環世界のなかに存在している。この意味で自律ロボットの行う学習は自らの感覚運動情報からの教師なし学習によって包摂されることになるだろう。

ただし、これは事前設計や人間による教師データ提供による教師あり学習や試行錯誤による強化学習を完全に否定しているわけではない。

認識器や行動器の事前設計は、自律ロボットがこの世界に生まれ落ちる前の埋め込みを表しており、これは人間などの生物においては系統進化によって得られたものに対応する。動物においても学習によらず、特定の刺激に対して特定の行動を取る種は多く知られている。

教師あり学習や強化学習に関しては前節で説明したように数理的には教師なし学習によってほぼ包含される。自律ロボットに他者の介入がないということは、他者との相互作用がないということを意味するのではない。制御器や方策の直接の変更や、行動の意思決定の上書き、学習における教師データの直接的な挿入を受けないということだ。他者からの教示や報酬が自ら感覚器官を通して知覚される分には全く問題ないのである。これは人間の学習と全く同じである。人間は学習する時に、自らの感覚運動系を通して得た情報しか学習に用いることはできない。脳内を直接的に操作されることはないのだ。それゆえに、私たちは私たち自身の環世界に基づく情報のみで、自身の環世界における環境適応を続けられるのである。

こう考えると自律ロボットにおいて重要なのは、自らの感覚運動情報のみに基づいて作動し続ける学習であり、それは機械学習の数理から言えば、やはり、教師なし学習に相当するであろう。システム論的な言葉で言えば、これは情報の自己組織化と呼ぶこともできる。(10)

(10)　学問の文脈によっては教師なし学習のことを自己組織化型学習と呼ぶこともあった。

構成主義の心的システムの描像を得るのにピアジェのシェマモデルほどわかりやすい例はない。西垣も『続基礎情報学：「生命的組織」のために』において感覚運動情報の自己組織化現象を通した認知の発生を議論したピアジェのシェマモデルを再訪している。シェマが感覚運動情報を同化し、自らを調節し、そして、また、システム全体を変化させることで認知システムが構成されている様子をピアジェはシェマ理論において議論している。ここで重要なのは、認知する主体自体が、感覚運動情報の流れの中で立ち上がって来ている点である。

同化と調節のダイナミクスとして描かれるシェマモデルの作動は、その基本的な部分に関しては、教師なし学習におけるクラスタリングやそれを発展させた隠れ変数モデル（Latent Variable Models）に基づく学習によって計算論的に、かつ構成論的に表現できる。序章でも言及された中村らの行ったマルチモーダルな階層ベイズモデルを用いたロボットによる物体概念形成の実験などがその典型であろう。記号創発ロボティクスの研究において、中村らはマルチモーダルLDAという機械学習のモデルを作成し、自らの視覚、触覚、聴覚情報を統合することで、人間からの教示なしに、ロボット自身がぬいぐるみやコップなどのさまざまなカテゴリを形成できることを示した。その作動を見ると、ロボットという人工物の中で、物体の概念が徐々に形成され、ある概念が感覚運動情報を同化して、コップをコップの仲間であると認識し、その得た情報に基づいて自らの表現する対象自体を調節していっている様子を観察することができる。教師なし学習の機械学習モデルは一歩ずつ、ピアジェの描いたシェマモデルのような心的システムのダイナミクスを表現していくように開発されているのだ。

このようなボトムアップに認知システム自体が構成されていく様子は、フェルスターによる制御の制御による閉鎖系の議論に極めて近い。物体を認識するための認識器はフェルスターの図式における下位のルールに対応するだろう。一方で、そのルール自体が上位のルールによって変容し続けるのだ。

しかし、ロボットが自らの感覚運動情報の自己組織化を通して、物体概念を適応的に形成できて、それを通して物体を認識できるというだけで、そのロボットが自律性を有する、と結論づけるのは、ネオ・サイバネティクスの視点から見ても、自律ロボット開発の視点から見ても不適切である。

四・三　自律ロボットのラディカル・オートノミー

物体概念を形成するロボットは物体概念を形成することで、物体を認識することができるようになる。そのロボットが向き合う環境が変わり、存在する物体の集合が変われば、それに合わせて内部の表象系を変化させることができる。

しかし、その学習則自体は設計者によって与えられたものであり、その点において限界がある。記号創発ロボティクスや現在の人工知能研究において開発された教師なし学習システムにおいても、その構造の多くは定数のように固定され、変化することがない。このことはフェルスターの言う制御の制御による閉鎖系やオートポイエーシスの構成的閉鎖系の視点から言えば自律システムとはいえないだろう。

この限界は哲学的な議論だけではなく、工学的な議論にもつながる。当然のことながらこの実世界で自律ロボットが活動を続けていくためには物体概念を形成さえすればよいのではない。環境適応のためにさまざまな学習を行っていく必要がある。記号創発ロボティクスの研究においては、これをさらに発展させて、場所の概念の学習、音素や語彙の獲得、言語の文法学習、動作学習、目標の場所概念に対応した経路計画の学習などさまざまな認知モジュールを感覚運動情報からの教師なし学習、つまり、自己組織化現象として実現するための手法を構築してきている。これは制御の制御を人手により作り、環境適応性を高めていると解釈できる。しかし、自ずとこのアプローチには限界が見えてくる。

この学問の進化の先として、次に行わねばならないのは、これらのモジュールの差異化や発生を駆動する制御の実現であろう。いわばメタ学習である。これがなければ、自律ロボットは設計者の想像した環世界に潜む情報の構造の範囲でしか環境適応を実現することができない。これは、ルールベースの知能が認識において十分なパフォーマンスを出すことができず、深層学習による知能がそれを達成したことのメタ版である。また、探索行動を含んだ自律的な行動意思決定の方法自体も適応的に変わらなければならない。現在の多くのロボットや人工知能の研究において、タスクの設定や、いつ何を目的に学習するかといったような部分に関しては設計者が与えている。ロボットが環境に飛び出してから、その作動を終えるまでの生涯学習（Life-long Learning）を実現するためには、そのようなメタなレベルの行動調節すらも自律的になされなければならない。

最終的には最低限の認知発達のダイナミクスのみを自律ロボットが動き出す前に規定し、それが環世界における感覚運動情報の循環の中でどのような学習器を立ち上げていき、どのように意思決定していくかさえも学習していかざるをえないだろう。自律ロボットに求められる実世界での継続的な環境適応という問題に取り組むとするならば、自律ロボットのもつ自律性はラディカル・オートノミーの意味での自律性に限りなく進んでいくことは自然な流れであろうと考えられる。制御の制御による閉鎖性は、自律ロボットが複雑で不確実性に満ちた実環境において、長期的な環境適応性を維持しようとすれば自然と向かわされる特徴なのではないだろうか。自律ロボットにおける自律性の程度は環境適応し、活動し続けられることによって評価される。それを人手による介入無しに実現するためには、まさに適切な制御の制御による閉鎖性をもつことが必要であると筆者は考える。

自律ロボットは長い時間を掛けて、ラディカル・オートノミーへと漸近する。その果てで、自律ロボットの心的システムはオートポイエーシスとなるのである。

四・四　記号創発システムと自律ロボット

家庭用サービスロボットが自律性をもつ上で、考慮しなければならないのは心的システムだけではない。社会システムも重要であり、その異なる階層の自律システムの結合が重要となる。なぜならば、家庭用サービスロボットは人間との記号的（言語的）コミュニケーションを求めるからだ。

これまでの議論はその多くを物理的環境への環境適応を前提に議論してきた。しかし、人間とのコミュニケーションは社会システムの中で生じる現象でもあり、ただ、物理的環境に適応する自律システムの議論では本質的には足りない。システム全体を心的システムと社会システムが結合した記号創発システムとして捉えなければ議論が閉じない。人工知能における記号接地問題は、この記号創発システムという全体像を捉えられていないから生じる擬似的な問題である。

筆者らは記号創発ロボティクスという研究を推進してきたが、それは記号創発システムというシステムを捉え、その構成素としての心的システムを実世界において如何に構築するかという問いに答えようとする研究だといえる。記号創発ロボティクスはその創成時からネオ・サイバネティクスにインスパイアされて形成されてきた学問分野である。その根幹となる概念である記号創発システム（Symbol emergence system）には西垣のHACSの考え方が影響を与えている。

記号創発ロボティクスの研究は自律ロボットが「認知的に閉じ」た状況を前提として、その上で、感覚運動情報のみから得られる情報に基づいて、概念や行動、言語の学習を行い、ロボットが実環境で動けるようにしていく。現状で解けている問題は限定的ではあるが、一般的なロボティクスの研究に比べると（1）～（4）の自律ロボットにおける自律性の条件を制約として強く意識している点が特徴的である。

一方で、自律ロボットを議論の中心に捉えると、構成主義の代表的思想家とも言えるピアジェに対する批判と同様に、意味作用に関して認知的側面に多くの注意が払われ、社会的側面が軽視されるというような批判もされうる。しかし、自律ロボットや実世界における記号的コミュニケーションの接地、および、創発の視点から筆者が提案している記号創発システムは、記号的コミュニケーションを支える自律システムの階層的構成を心的システムと社会的システムをカップリングさせて、ミクロマクロループを含んだ一つの創発システムとして捉えたものであり、これらを矛盾なく取り込んでいる。

ネオ・サイバネティクスの考え方は、西垣が『続　基礎情報学：「生命的組織」のために』の中でもたびたび言及するように構成主義の考え方の先にある。ネオ・サイバネティクスの議論では、意味作用における社会側面が重視されてきた。それを明確に指摘しているのが西垣のHACSであろう。

記号的コミュニケーションにロボットが参画しようとするときに、ロボットは記号創発システムの要素とならなければならない。それは、心的システムの視点からすれば記号的コミュニケーションを続ける社会システムという社会環境と、自らが生き抜かねばならない物理環境に挟まれながらそれらに適応し続ける自律システムでなければならない。心的システムとしてオートポイエーシスとなる必要がある。一方で、社会システムから見た時は構成素としてのコミュニケーションを担うアロポイエティックなシステムとして作動する。これはまたロボットがHACSの一部となっていることをも意味する。

私たち人間のコミュニケーションをモデル化しようとするならば、私たちが「認知的に閉じ」ていて、自律的であるということがスタート地点になる。その上で進化してきたのが、記号的（言語的）コミュニケーションである。

私たちとコミュニケーションし暮らし続けられるロボットを作るということは、このオートポイエティックなシステムの構成素を作り続ける人工物を創造することに他ならない。そのような自律ロボットはネオ・サイバネティクスの意味でも自律性を有する心的システムをもたねばならないだろう。

ネオ・サイバネティクスの提供する自律性概念は心的システムに関して言うならば、人工知能やロボティクスが自律性を有する可能性を斬って捨てるようなものではなく、オートポイエーシスや関連するシステム論のもつ機械論的な視座から、むしろその必要性を人々に再認識させるようなものであろう。

特にコミュニケーションする自律ロボットの研究開発においては、人間社会のコミュニケーションがもつその創発的な特性、オートポイエーシスとしての特性を認識せず、いまだにナイーブなコミュニケーション理解に基づいた議論ばかりに拘泥しがちである。HACSや記号創発システムの視点から人間・ロボット間のコミュニケーションを捉え、ラディカル・オートノミーを有し環境適応する心的システムとして自律ロボットが人間の社会に参画するか、もしくは、その不可能性が明確に示されるまで、人工知能およびロボティクスの研究とネオ・サイバネティクスの研究が有機的な相互作用をもつことが必要であろう。そして、記号創発ロボティクスやそれに連なる構成論的な研究がその紐帯として作動し続けることが期待される。

［参考文献］

Bekey, George A., *Autonomous Robots: From Biological Inspiration to Implementation and Control*, A Bradford Book, 2005. 松田晃一ほか（訳）『自律ロボット概論』マイナビ出版、二〇一六年

Cangelosi, Angelo and Schlesinger, Matthew, *Developmental Robotics: From Babies to Robots*, The MIT Press, 2015. 岡田浩之ほか（訳）『発達ロボティクスハンドブックロボットで探る認知発達の仕組み』福村出版、二〇一九年

Flavell, John H., *The developmental psychology of Jean Piaget*, Van Nostrand, 1963. 岸本弘ほか（訳）『ピアジェ心理学入門』明治図書出版、一九六九年

Levine, Sergey, "Reinforcement learning and control as probabilistic inference: Tutorial and review." *arXiv preprint arXiv: 1805.00909*, 2018.

Maturana, Humberto R. and Varela, Francisco J., *Autopoiesis and Cognition: The Realization of the Living*, D. Reidel Publishing Company, 1980.　河本英夫（訳）『オートポイエーシス：生命システムとはなにか』国文社、一九九一年

Maturana, Humberto R. and Varela, Francisco J., *The Tree of Knowledge: The Biological Roots of Human Understanding*, Shambhala, 1992.　管啓次郎（訳）『知恵の樹：生きている世界はどのようにして生まれるのか』筑摩書房、一九九七年

Tadahiro Taniguchi, Emre Ugur, Matej Hoffmann, Lorenzo Jamone, Takayuki Nagai, Benjamin Rosman, Toshihiko Matsuka, Naoto Iwahashi, Erhan Oztop, Justus Piater, Florentin Wörgötter, "Symbol Emergence in Cognitive Developmental Systems: a Survey", IEEE Transactions on Cognitive and Developmental Systems, (in press) 2018.

Tadahiro Taniguchi, Takayuki Nagai, Tomoaki Nakamura, Naoto Iwahashi, Tetsuya Ogata, and Hideki Asoh, "Symbol Emergence in Robotics: A Survey", *Advanced Robotics*, 30, 2016, (11-12) 706-728.

Pfeife, Rolf and Scheier, Christian, *Understanding Intelligence*, A Bradford Book, 2001.　石黒章夫ほか（訳）『知の創成：身体性認知科学への招待』、共立出版、二〇〇一年

Uexkull, Jakob von and Kriszat, Georg, *Streifzüge durch die Umwelten von Tieren und Menschen Ein Bilderbuch unsichtbarer Welten: Einundzwanzigster Band*, 1934.　日高敏隆（訳）『生物から見た世界』思索社、一九七三年

谷口忠大『コミュニケーションするロボットは創れるか：記号創発システムへの構成論的アプローチ』ＮＴＴ出版、二〇一〇年

谷口忠大『イラストで学ぶ人工知能概論』、講談社、二〇一四年

谷口忠大『記号創発ロボティクス：知能のメカニズム入門』、講談社、二〇一四年

西垣通『基礎情報学：生命から社会へ』ＮＴＴ出版、二〇〇四年

西垣通『続　基礎情報学：「生命的組織」のために』ＮＴＴ出版、二〇〇八年

第四章　擬自律性はいかに生じるか

椋本輔

一　はじめに――「擬自律性＝擬人化／擬生命化」のパラダイムシフト――

デジタルコンピューターによるＡＩ（artificial intelligence）の本質は、「デジタルなパターンの処理」である。それが我々人間にとって、「ラディカル・オートノミー」としての自律性をもつ自らの「事物の認識」「意味の解釈」「概念の形成・獲得」と同様に見える、すなわち〝擬〟自律性を生じるのは、どのようなときだろうか？　また一方で我々自身は、その同じ「デジタルなパターン」、たとえば画像データを最終的にどのように、どのようなものとして「認識」し「意味解釈」しているのだろうか？

本章ではこの問いについて、ＡＩの第三次ブームの到来を象徴する技術的なブレークスルーの舞台となり、ブームを社会的なイメージと実際的な技術革新の両面で牽引してきた「視覚情報（画像データ）のデジタルなパターン処理」を中心に考察する。その中でも、二〇一二年の「Google のＡＩによる〝猫〟認識」や「〝猫〟概念の形成・獲得」と報じられた研究“Building High-level Features Using Large Scale Unsupervised Learning” also known as “Google Cat Paper”（Le, et al. 2012）および、二〇一八年の「深層学習による〝蛇の回転錯視〟の知覚再現」の研究“Illusory Motion Reproduced by Deep Neural Networks Trained for Prediction”（Watanabe, et al. 2018）を具体的な題材として、考察していく。

序章（二・二および三・四）においても確認されているとおり、人間が設計・製作する機械システムも現在に至っては、格段に高度な自動化・自律性を実現しつつある。二〇世紀半ば以降に急速な実用化が進んだIT＝情報技術によって、またITと既存諸技術との組み合わせによってもたらされたきわめて大きな変化である。今日では、ビッグデータとAIシステム、パーソナルなデジタルコンピューター機器、それらを結びつけるインターネットから成る循環的な環境によって、まさに機械システムと我々人間が「機械―人間混成系」（Wiener, 1965）あるいは「〝人間＝機械〟複合系」（西垣、2008）として機能している。

しかし、それらも例外なく、本書がオートポイエーシス論を核としたネオ・サイバネティクスの理論モデルに依拠して提起するラディカル・オートノミーの定義に基づけば、あくまで他律的なアロポイエティック・システムである。少なくとも、「自分で自分を作り、他者によって作られず他のものを作り出すわけでもない＝すなわち境界を自己決定する閉鎖系」は実現されていないからである。ただし、「実現しているかのように〝擬して〟見てしまう我々人間」はすでに存在している。

実際に近年の日本社会でも、一定の基準として「社会的なコミュニケーション・言説」とみなせる主要新聞の本紙記事において、たとえば本章で取り上げるGoogle Cat Paperについて、

・「〈人工知能〉猫はどれだ　教えずに顔認識、グーグルが成功」（朝日新聞、二〇一二年九月一六日朝刊）年九月二八日朝刊）

・「米グーグルが開発した人工知能はネットの画像から学習し、ネコと認識した」（日本経済新聞、二〇一四年九月二八日朝刊）

・「人工知能が認識したネコの画像（人工知能が作り出したイメージ、米グーグル提供）」（日本経済新聞、二〇一六年四月一〇日朝刊）

・「2012　AIが「深層学習」で猫の画像を見分ける」（読売新聞、二〇一七年一月六日朝刊）

といった表現が用いられて報道されている。

また「深層学習による〝蛇の回転錯視〟の知覚再現」の研究についても、

・「ＡＩ自らが経験を積んで知識を蓄えるディープラーニング（深層学習）という手法」「すると、ＡＩは画像の中の模様が回転していると判断しヒトと同じように錯視が起きていた。」（朝日新聞、二〇一八年三月三〇日朝刊）

・「ＡＩも人と同じように錯覚していた。」（日本経済新聞、二〇一八年三月二六日朝刊）

といった表現が用いられて報道されている。

しかし本章では、このような社会的な言説・イメージ[(1)]をもたらした技術の実像とともに、デジタルなパターンの処理・記録・伝達を実現しているデジタルコンピューターと、人間との〝間〟に必ず存在する「界面＝インターフェース」の問題を主に考察する。それは、基礎情報学をはじめネオ・サイバネティクスの諸概念を総合した分析の具体例ともなるだろう。

翻って、擬自律性＝擬人化／擬生命化それ自体は、ＡＩ・コンピューターとの問題に限らず、人工物に対しても、人の手によらない自然の事物に対しても、古今問わず幅広く生じており、また自覚されてきた現象である。我々人間が意味解釈をできる——むしろ逃れ難く意味解釈〝してしまう〟——ことによる「想像力」「妄想力」が、それを生じさせているのだ。

人間はさまざまなものに生命的な自律性を見出だす。ペットロボットに生き物のペットと同様の愛着をもつこ

（1）　主要新聞記事における全般的な「人工知能」「ロボット」などの取り上げられ方については、河島茂生（2017）「新聞記事に見る人工知能やロボットの言説の変化」において通時的な分析が行われている。

と、スマートフォンの利用においてＡＩシステムと画面を通してテキストや画像・映像での、またマイクとスピーカーを通して音声での対話・コミュニケーションが成立していると感じること――今日的なそれらＡＩ・コンピューターがかかわる現象から、自動車や時計といった自動機械の「動き」、生物ではない気象などの自然現象、そして「幽霊の正体見たり枯れ尾花」といった全くの誤認や妄想まで、自律性を感じる点や感じる程度は実に多様だ。さらに遥かな視点から、縄文時代草創期の土偶に遺されている、土塊を握った結果生まれた「かたち」に自らの似姿を見出だした痕跡に、人間にとっての「芸術」の原初を措定した論考などもある（木下、2019）。しかし、基本的な構図は共通している。

それら多種多様な擬人化／擬生命化について、ネオ・サイバネティクスを援用して考えれば、いずれにしても対象を何らかの「システム」として捉えることができる。そしてシステムは、ラディカルに自律的な「オートポイエティック・システム」と、他律系である「アロポイエティック・システム」のいずれかである。

さらに基礎情報学の階層的自律コミュニケーション・システム（HACS）モデルを援用すれば、我々が自律性を観察する視点によって、階層性が生じる場面がある。先述のさまざまな対象を我々が日常的な視点で観察する際も、その階層性により、実際にアロポイエティック・システムすなわち非生命である対象と、上位の視点から下位システムとして入出力のみで観察しているためにアロポイエティック・システムのように見えてしまっているオートポイエティック・システムすなわち生命である対象とが、同様に見える場合がある。つまり、アロポイエティック・システムに擬自律性が生じる場合もあり、同時にオートポイエティック・システムである人間・生命がアロポイエティック・システムであるかのように見なされる、いわば「擬他律性」が生じる場合もある。

そもそも一般に我々は、オートポイエティック・システム、アロポイエティック・システムの区分を知らずに、システムを観察する。そして、とりわけ外部からの因果関係が見出だせない「動き＝作動」を感じた場合に、我々は自己の「経験＝歴史」に基づく理解可能な因果関係のフレームに収まるように自律的な生命や、さらには自分自身と同じ人間の存在を仮定する「仮説的推論（アブダクション）」を行う。しかしそれが観察者共同体や社会的なコミュニケーションの中で広汎には通用しないときに、その「観察」は擬人化／擬生命化と呼ばれるのだ。

一点、擬生命化と擬人化に線を引くならば、

・生命・生物としての自律的な作動を仮定すること＝擬生命化
・それに加えて、人間と同様の「知能」を仮定すること＝擬人化

と位置づけられるだろう。

コンピューターがかかわる擬人化についても、人間の心理的な傾向としての問題については、近年の第三次ブームより以前から心理学的な考察が重ねられてきた。たとえば、人間が新しいメディアの理解に際してあらかじめもっている概念を用いて理解する傾向が指摘され、ユーザーインターフェースのデザインにその知見が応用されている（Reeves & Nass, 1996＝2001）[(2)]。

そしてＡＩシステムの擬人化についても、観察者の恣意性にすべてを帰してしまいＡＩシステムについての客観的な判断を損なうものとして、むしろチューリングテストのような形式的な判断に立ち帰ることで極力擬人化を排するべきといった議論がすでに存在する（Proudfoot, 2011）。一方で、具体的なロボットなどの研究開発にお

（2）　なお、クリフォード・ナスの後年の著作（Nass & Yen, 2010＝2017：監訳者まえがき・vii頁）において、監訳者の細馬によって解説されているとおり、Nass & Reeves の議論はコンピューターと人間を主体として同一視するものではなく、むしろ本章の主旨と同様に「コンピューターも人間のように扱うことができる」という人間の認識能力を意識化した上で、ユーザーインターフェースのデザインや心理学的な実験においてコンピューターを擬人的な主体として活用することの意義を明らかにしたものである。

いては、むしろそうした人間の擬人化する主体的な能力を前提として考慮・分析し積極的に〝人間＝機械〟複合系のデザインに活かすことで、人間との相補的な協働を促す、またそれを介した人間と人間の間のコミュニケーションを考察してより良いあり方を探求する、といったアプローチも存在している（岡田、2012および2017）。

また序章でも触れられたとおり、"On Seeing Human: A Three-Factor Theory of Anthropomorphism"（Epley, et al. 2008）では、擬人化の心理的な決定要因として三つの要素：①「人に似た外見および行為」、②「事物とインタラクションしたり事物の動きを予想可能にしたりしたいという願望」、③「社会的な交流がなく寂しい気持ち」、の強さが指摘されている。

しかし、今回の第三次ブームにおいて、我々人間とＡＩの「自律性の異同」が実際的また社会的に真剣な議論となるまでに至ったのは、そうした「恣意的な解釈」「妄想」のような心理的傾向の新類型としてだけでは捉え切れない問題によるのではないだろうか。心理的・感覚的な問題のみならず、コンピューターによるＡＩシステムが人間同様の認識や概念の形成・獲得を実現して「意味解釈の主体」になりえる、というイメージがこれまでよりも格段に説得力と実感をもって社会的に広く受け入れられるようになってきたことが、擬自律性についてのパラダイムシフトともいうべき新たな事態なのである。

そのようなイメージの広がりは、技術的な積み重ねによって実際に体験できるようになった実用プロダクトやサービスの普及と、それとともにマスメディアを中心に流通した社会的な言説が、両輪となって進行している。実際に先述の主要新聞記事に見られるとおり、「ＡＩが〜した」といった形で、ＡＩが認識や意味解釈、概念の形成・獲得の主語になっている言説である。なお、ＡＩ・コンピューターがそうした認識論的な主語として書かれた主要新聞記事は一九八〇年代を中心とした第二次ブームの時期にも存在しており、(3)今回の第三次ブームが決して突然の非連続的な変化ではないことを示している。ただし以前は量的にはわずかであり、第三次ブームの時期に入ってから明らかに爆発的な増大＝社会全体的な広がりが見られる。

そうした認識論的な述語の主語となりえてはじめて、自動運転の問題における「運転」や軍事ロボットの問題における「殺傷」といった、動作行為に関する述語の主語としてのＡＩが「倫理的な責任主体」となりえるか、という議論が成立するだろう。

つまり、序章において「ＡＩは、実践的な体験に根ざした概念形成までには至っていないとはいえ、部分的にせよみずから物体を識別する概念を形成していると考えられる」と述べられているＡＩ＝機械における概念形成、機械の自律性の現状についての精察が必要である。

まずは、ＡＩが認識論的な主語となる言説が社会的に広がった大きなきっかけの一つであり、第三次ブームを象徴するトピックの一つでもある、Googleによる二〇一二年のいわゆるCat Paperの研究と実装システムについて考察していく。

二　Google Cat Paper（2012）――ＡＩが「〝猫〟という概念を獲得した」――

現在の第三次ブームといわれる状況の始まりと概ね見なされている二〇一二年に、技術的な裏打ちとなる深層学習（ディープラーニング）モデルを用いたニューラルネットワーク＝ディープニューラルネットワークの実装システムについて、エポックメイキングな二件の研究成果が発表された。専門家の間に大きな衝撃を与えたのは、二〇一二年一〇月にトロント大学のジェフリー・ヒントンらの研究グループによるＡＩシステム・SuperVision

（3）一例として、「図形認識装置が判断力を持った」朝日新聞、一九八五年一二月七日［東京版］夕刊。

が、画像認識のコンペティションILSVRC（ImageNet Large Scale Visual Recognition Challenge）において飛躍的な認識率の向上を実現したことであった。一方で、センセーショナルに取り上げられて一般にも大きく知られたのは、同年六月にGoogleやスタンフォード大学に属する研究者のグループがヒントンらの研究を援用したディープニューラルネットワークのモデル・手法を用いて、YouTube上の動画から切り出した大量の静止画像を素材として機械学習を行った結果、やはり認識率の大きな向上を実現したとする論文の発表であった。この論文は、ITに関してすでに世界的なネームバリューをもつGoogleから発表されたこともあり、「AIが〝猫〟という概念を獲得した」というセンセーショナルな表現まで用いて報じられ、通称Cat Paperと呼ばれる。

これらの実用に直結した研究成果は無論突如として現れたものではない。まず、一九五〇～六〇年代にかけての第一次、また一九八〇年代を中心とした第二次、といわれる過去二度のブームも経て、人間の形式論理的思考を数理化して演算可能であることが証明され、実装システムとして具現化されてきた計算機科学の基礎が存在した。加えて、人間の神経細胞を機能として模倣・抽象化したオートマトンやニューラルネットワークといったモデルとそのコンピュータープログラムとしての実装手法の開発、そしてコンピューターの演算性能と記録容量の長期にわたる飛躍的な向上、といった幅広い積み重ねの上に実現したものである。

ジェフリー・ヒントン自身も、二〇一二年に至るまですでに四十年以上にわたってニューラルネットワークに関する研究で技術革新を重ねていた。さらにはCat PaperにおけるYouTube上のデータを素材とした学習が象徴するように、一九九〇年代頃から世界規模で普及したインターネットと、スマートフォンという形で決定的に普及したパーソナルコンピューター機器の組み合わせによって、日々自発的に人々による膨大なデジタルデータ＝ビッグデータが生み出されるようになった環境も前提として欠かせない。

このCat Paper自体の内容を参照すると(4)、まず、

・YouTube上からランダムに抽出した画像データを学習素材としたディープニューラルネットワークの機械学習によって、さまざまな対象＝特徴量に反応するニューラルネットワークのパターンが形成される
・それらのパターンの中から、猫や人間の顔・体といったそれぞれの対象＝特徴量に最も高い反応値を出力するパターンを選び出す
・選び出したそれぞれのパターンのニューラルネットワークに対して、（学習素材とは異なる）新たな画像データ群を入力すると、高い精度で想定した対象が含まれている画像に高い出力値を返した＝出力値が高かった画像に「猫」などのラベリングをすれば、高い精度で正しく対象を「認識」したことになる

という「学習」と「推論」のプロセスが存在している。

ニューラルネットワークの機械学習については、「教師あり学習」との比較でいえば自律的な「教師なし学習」の手法——最初にたとえば「猫」画像を正解データとして設定するのではなく、まずさまざまな反応パターンが自律的に形成される——が採られている。視覚情報＝画像データのパターン処理の精度向上として飛躍的な成果であるものの、このプロセス自体には、直接的に人間と同様の「対象の認識」や「意味の理解」のイメージは薄いだろう。

だが、Cat Paperではさらに、

・選び出した各パターンのニューラルネットワークに対してGoogleの豊富な計算機資源を用いて「数値最

（4）Google Cat Paperの理解にあたっては、次の解説にも援けられた。id: Zellij「Googleの猫認識（Deep Learning）」、「大人になってからの再学習」、二〇一三年。http://d.hatena.ne.jp/Zellij/20130608/p1（二〇一九年五月三一日確認）

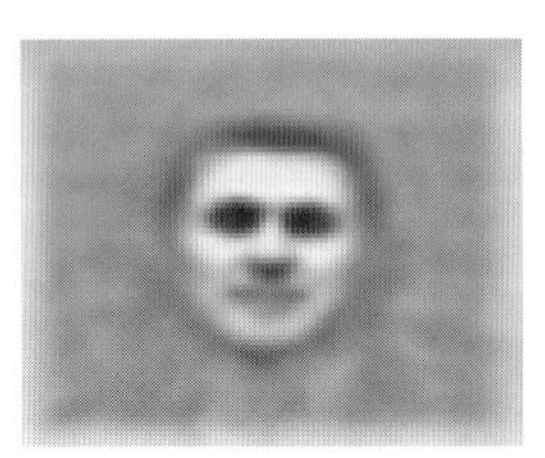

図4-1　Cat Paper における自動生成画像①"Human Faces"

図4-2　Cat Paper における自動生成画像②"Cats（Cat Faces）"

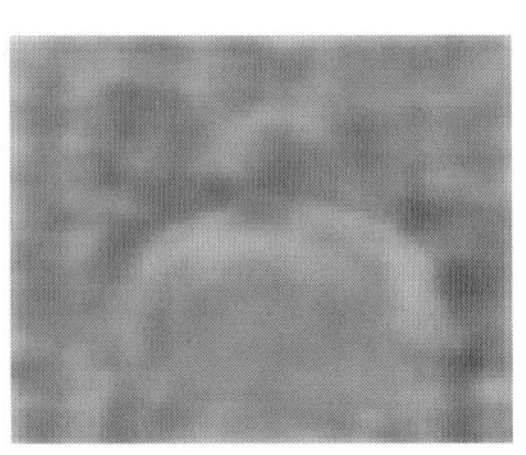

図4-3　Cat Paper における自動生成画像③"Human Bodies"

適化」を実行し、（一定サイズの画像＝ドット集合として可能な色数値の組み合わせの中で）各パターンのニューラルネットワークが最も強く反応する画像を自動生成した

という内容が続き、ニューラルネットワークの学習結果に対する「目に見える」形での検証（"Visualization"）を行っている。図版として掲載されたその自動生成画像は、確かに人間が見たとき、概して「猫（の顔）」や「人の顔」「人の体」と解釈されるであろうパターン＝紋様となっている。

論文全体としては、あくまでタイトルにある"Building High-level Features"つまり"高次の＝より抽象的な特徴量の構築"というテーマであり、部分的には、主に「人の顔」「猫（の顔）」「人の体」について"concept"という語句も用いられているものの、人間と同様の概念の形成・獲得を直接的に主張しているわけではない。しかし、AIシステムが「既存の画像から選び出した」ものではなく、変換や合成をしたものでもなく、全く新たな「どこにも存在しなかった画像」を自動生成したものが、人間が見て確かに「猫」に見えたという事実は、まさに「目に見える」わかりやすさによって社会的なニュースとして大きなインパクトをもっていた。

このAIシステムは、確かにより高次の（柔軟な、実用に大きく資する）パターン処理が可能になった成果ではある。しかし、最初からあくまで人間が設計・プログラムしたもの＝アロポイエティック・システムとして見る観点

に立てば、この「人間にも〝猫〟に見える」自動生成画像は、①そもそも「人間が〝猫〟と認識している」画像群に対して強く反応するという基準によって選び出したニューラルネットワークの、②反応が得られる範囲のいわば中央値が「図像的なかたち」として可視化されたもの、として捉えられる。すなわち「自動形成されたさまざまな凹型の中から〝対象に嚙み合うもの〟という人間の意味解釈によって一部を選び出し、その凹型に押し当てて作った凸型と、元の対象が確かに似ていると人間が見ている」といったイメージによって、ＡＩシステムを擬人化しない形でもプロセス全体を捉えることができる。

さらにその後の「Adversarial Example」と称される研究の進展によって、ディープニューラルネットワークのアルゴリズムを踏まえた計算によって導き出される「摂動」を画像データに与える＝人間にとっては「それが何か」という〝特徴〟は変わらない程度のごく僅かなノイズのような変化を加えるだけで、推論の結果を容易に〝誤らせる〟ことが可能であるという事実も明らかになった（Szegedy, 2013 および Goodfellow, 2014 および 2015）[(5)]。そうした事実からも、数値最適化によって自動生成された画像（先述の凸型）を人間が見てそこに人間にとって意味を有する「図像的なかたち」が見えることをもって、ニューラルネットワークにおける「パターン処理のパターン」と、人間にとっての概念との異同について判断することは早計である[(6)(7)]。

ここまでは、Cat Paper のＡＩシステムをめぐる擬自律性の問題について、人間にとって「目に見える」わかりやすさという、いわば序章でも触れられているダニエル・デネットの区分でいうところの「志向的な構え（in-

（5）「Adversarial Example」の理解にあたっては、次の解説にも援けられた。
Shinya Yuki「はじめての Adversarial Example」、「Elix Tech Blog」、二〇一七年。
https://elix-tech.github.io/ja/2017/10/15/adversarial.html（二〇一九年五月三一日確認）

tentional stance)」に当たる側面を考察してきた。次にまた別の側面から、社会的なパラダイムシフトともいうべき「より高度な擬自律性」が生じている要因について、考察していきたい[8]。

たとえばCat Paperにおける数値最適化による自動生成画像が人間にとって「猫（の顔）」に見えることをもって人間と同様の概念の形成・獲得と見なせるかを問う際に、ネオ・サイバネティクスに依拠して「観察者」の存在を意識化してみる。するとそこには、「観察者自身を含み込んだ視点」と「観察者自身を捨象した視点」という二つの視点が存在することが明らかになる。どちらの視点も対象の内部／メカニズムには意識的である点において、デネットの区分でいう「設計的な構え（design stance)」に当たるが、そのなかでいずれかの視点に分かれるのである。

前者の「観察者自身を含み込んだ視点」で観察した場合は、そのAIシステムは人間＝観察者との〝人間＝機械〟複合系として成立しており、そこでは人間にとっての「意味」はAIシステムに対して、人間の介在によって外挿されている。

後者の「観察者自身を捨象した視点」で観察した場合は必然的に、観察者と同じ位相に存在する、

・さまざまなレベルでそのAIシステムを制作した「開発者」の存在

・ニューラルネットワークを支える数式・変数間の調整を人間が行っていること

・ニューラルネットワークという概念／モデル自体が人間によって「人間の脳」と類比しながら開発されてきたこと

といった人間による「設計的な介在」もすべて捨象されて見える。

AIシステムについても、素朴に擬人化する——たとえばPepperの対面的な発声や仕草に対してまるで人間のように愛おしく感じる——場合には、デネットの区分でいう「志向的な構え」として捉えられるだろう。だが、

それだけでは前述した古来のさまざまな誤認や妄想としての擬人化と基本的には変わらない。むしろ、「観察者自身を捨象した視点」からの「設計的な構え」によって観察・記述された——まさに先述の主要新聞本紙記事に見られるような——言説・イメージが、社会的な次元を経由して間接的に、ＡＩシステムに認識論的な主体を感じる「志向的な構え」を促しているのではないだろうか。

また、人間自身の認識や意味解釈、概念の形成・獲得を説明するモデルとして歴史的に考察されてきた、たと

（6）第三次ブームの落ち着きとともに、現状のＡＩシステムの難点や課題についての報道が主要新聞本紙レベルにも増えており、「Adversarial Example」の問題についても「人間には考えられない見当違いを起こすこともあるよ」といった日常的な用語で紹介した記事（日本経済新聞、二〇一八年一二月九日朝刊）がすでに存在する。ただし、そこでもやはり認識論的な主語としての「擬人化」は当然のように行われている。

（7）工学研究者からも、複雑なディープニューラルネットワークの仕組みや動作について、Visualization による「見え方」といった人間にとってわかりやすい素朴な説明に偏ることは不正確な理解につながると、警鐘を鳴らす声がある。先述のジェフリー・ヒントンも「判断の説明を求めれば、話をつくり上げざるを得なくなります」と指摘している。*Google's AI Guru Wants Computers to Think More Like Brains*, WIRED. com, 2018. https://www.wired.com/story/googles-ai-guru-computers-think-more-like-brains/（二〇一九年五月三一日確認）「ＡＩは世界をどう認識しているのか？　その〝ブラックボックス〟の中身が見えてきた」WIRED.jp、二〇一九年 https://wired.jp/2019/05/14/inside-black-box-of-neural-network/（二〇一九年五月三一日確認）

（8）デネットは、我々が事物のふるまいを予測する際の、対象のとらえ方について「志向的な構え」「設計的な構え」「物理的な構え」という三分類の概念を立てた（Dennett. 1996＝1997: 56–80）。

なお、デネットの議論においても、「あるいは、志向的な構えはさまざまな種類の主体に適用された設計的な構えの一種と見なすこともできる。」（Dennett. 1996＝1997: 61）といった形で、また「ライフ・ゲーム」と「チューリング機械」の関係についての考察（Dennett. 1987＝1996: 46–48）の中で、「志向的な構え」と「設計的な構え」の連続性が示唆されている。

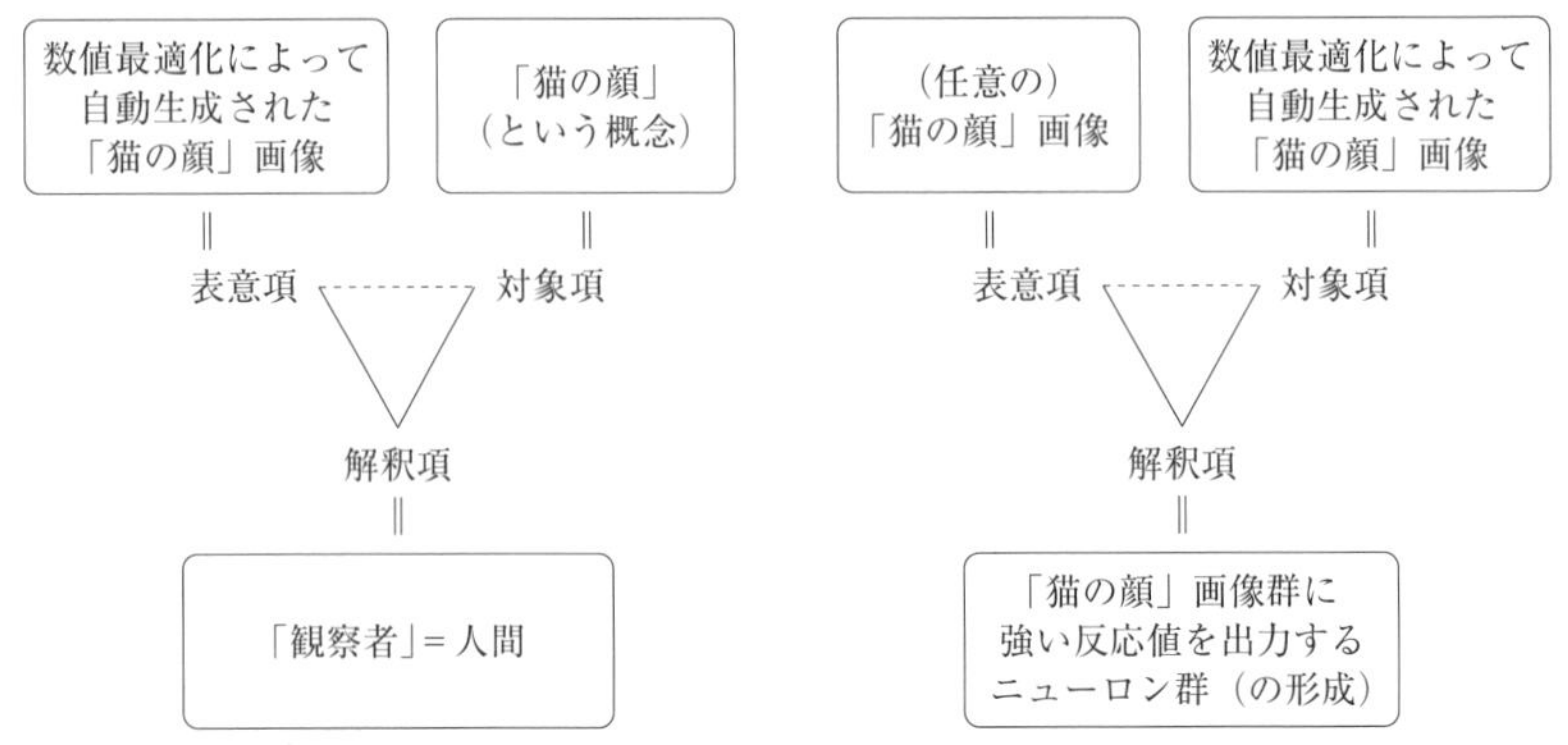

図4-4　Google Cat Paper の AI システムと「三項関係の記号過程」の類比

えば記号学や記号論のモデルとＡＩシステムを類比する場合にも、「設計的な構え」の中でどちらの視点を取っているかによって、全く違う対応関係が導かれてしまう。現状のＡＩシステムとの関係についてさまざまなレベルで言及されている、記号学（Semiology）におけるフェルディナン・ド・ソシュールの「二項関係」や、記号論（Semiotics）におけるチャールズ・サンダース・パースの「三項関係の記号過程（Semiosis）」といったモデルも、「観察者自身を捨象した視点」から類比されれば、短絡的に「ＡＩシステムの内部処理と人間の意味解釈は全く等しい」と見なす論理も確かに成り立つのだ（図４-４は、Cat Paper のＡＩシステムと「三項関係の記号過程」との類比における二つの視点の具体例である）。

また、一連のプロセスの中で「ニューラルネットワークの反応パターンが自動的に形成される」部分にフォーカスして人間の物理的な神経細胞や脳と類比的に見る場合にも、「そのように類比している観察者」は間違いなく存在している。

あらゆる類比の構図も含めて「いわれたことのすべてには、それをいった誰かがいる」（Maturana & Varela, 1984＝1997: 29）。「観察者」がいるのである。

本節では、Cat Paper の実像の中で、ニューラルネットワークへの数値最適化による自動生成画像がもたらした人間にとって「目に見える」わかりやすさと、「認識論的な主体」としての擬人化の関係を考察した。また、設計的な構えであっても、「観察者自身を含み込んだ視点」と「観察者自身を捨象した視点」のいずれを取るかによって、後者はむしろ社会的には「志向的な構え」を促す可能性を指摘した。次節では、やはりAIシステムではあるが、擬人化というより擬生命化というレベルでの擬自律性が問題となる事例を考察したい。

三　「蛇の回転錯視」の知覚再現（2018）——AIが「錯覚を起こした」——

二〇一二年のCat Paperは、機械学習によってニューラルネットワークに形成された「パターン処理のパターン」への数値最適化を行うことで「AIの内部から」生成された画像の視覚的なインパクトにより、認識や意味解釈、概念の形成・獲得の主語＝擬自律性をもつ主体としてのAIに具体的なイメージをもたらした。

その後、特に諸技術の統合・応用として第三次ブームを象徴する自動運転車の開発と試験的な実用化が進むことで、実際に起きてしまった死亡事故の問題も受けて議論が深まり、現実的な利用イメージへの理解も促された。それにつれてセンセーショナルなインパクトは薄れ、少なくとも現状のAIシステムはあくまで「擬自律的」な存在であるという理解も広がりつつあるように思われる。

しかし、従来と比べて飛躍的に高度なパターン処理や自動化が実用化されていくことによって、職業・労働をはじめとした現実的な社会変容の問題は確実に起きている。それと同時に、基礎研究の分野でも新たに、我々人間・生命の自律性への理解を問い直すような研究成果が発表されている。

ここでは、二〇一八年に発表された「深層学習による〝蛇の回転錯視〟の知覚再現」の研究成果（Watanabe,

et al., 2018）について考察する。この研究成果は、二〇一二年のCat Paperと同様にＡＩが主語となり「ＡＩが人間と同じように錯覚を起こした」と表現される形で、第一節で具体的に紹介したように主要新聞本紙でも報じられた。その基本的な構図は、これまでにも考察してきたように、逃れ難く前提とされる「観察」の問題として考えられる。

だが、同じく人間の「視覚」との類比に関わるＡＩシステムでありながら、この研究において擬自律性が生じているポイントは、Cat Paperと異なっている。前節で確認したように、Cat Paperをめぐる擬自律性の問題では、人間にとって意味を有する「図像的なかたち」が自動生成された部分が大きなインパクトをもっていた。システム全体について、また一部分について、人間の視覚的な認識や意味解釈とのさまざまな類比が可能ではあったが、その擬人化のポイントは、最終的には「認識結果の言語的シンボル（たとえば「猫」）としての正誤」にあった。

しかし、この「〝蛇の回転錯視〟の知覚再現」研究の場合には、問題となっているのは「言語」のレベルではない。我々人間においても逃れ難く起きてしまう「錯覚」現象、特に「知覚イリュージョン」と呼ばれる言語以前・言語以下の「知覚」や脳の器質レベルで起きてしまう「錯覚」が、現状のデジタルコンピューターとディープニューラルネットワークをベースとしたＡＩシステムにおいて再現できた、というのである。そのような生理的／器質的なレベルでの類比いわば擬生命化は、より新しい問題であると同時に「人工知能」という概念——人間のような、脳のような機械というイメージ——自体が形成された歴史[9]に対する原点回帰ともいえる。

この研究の内容を参照すると、

・認知科学や心理科学・心理物理学において、人間の視覚認知を説明する一つの仮説として、大脳皮質において常に入力される視覚情報の変化が予測されており、その実際の入力との誤差を最小化していくフィー

ドバックループとして「学習」が行われている、とする「予測符号化仮説」が存在する

・「予測符号化仮説」を取り入れたディープニューラルネットワークのモデル「PredNet」に対して、自然風景の中を移動する動画像（の各コマとしての静止画像）を素材として機械学習を行った

・学習が行われたディープニューラルネットワークは、新たに入力された動画像内のオブジェクトを認識して「動き」を推論し、その予測ベクトルを検出することができる

・認知科学において確認されている「知覚イリュージョン」の一つである、特定のパターンの図形・紋様が実際には静止画であるのにどうしても現実に「動いているように」見えてしまうという「蛇の回転錯視」の画像を、同じディープニューラルネットワークに入力すると、人間が見て「動き」を錯覚する方向に、実際の動画像と同じように「動き」の予測ベクトルが検出された

という構成となっている。

実際には論文中で著者達はあくまで、

「視覚的な情報処理のある小さな生物学的側面を抽象的に再現したものとして、PredNetを考えるほうがよいだろう。」（Watanabe, et al., 2018: 8）

「ハードウェアとしての構成要素は全く異なっており、またディープニューラルネットワークで用いられているバックプロパゲーション等の計算アルゴリズムは、脳においては見つかっていない。」（Watanabe, et al., 2018: 10）

（9）現在のような「プログラミング」による抽象化された機能再現のレベルが中心となる以前の、より物理的な類比・再現も志向されていた「人工知能」研究の歴史については、杉本舞（2018）『「人工知能」前夜』に詳しい。

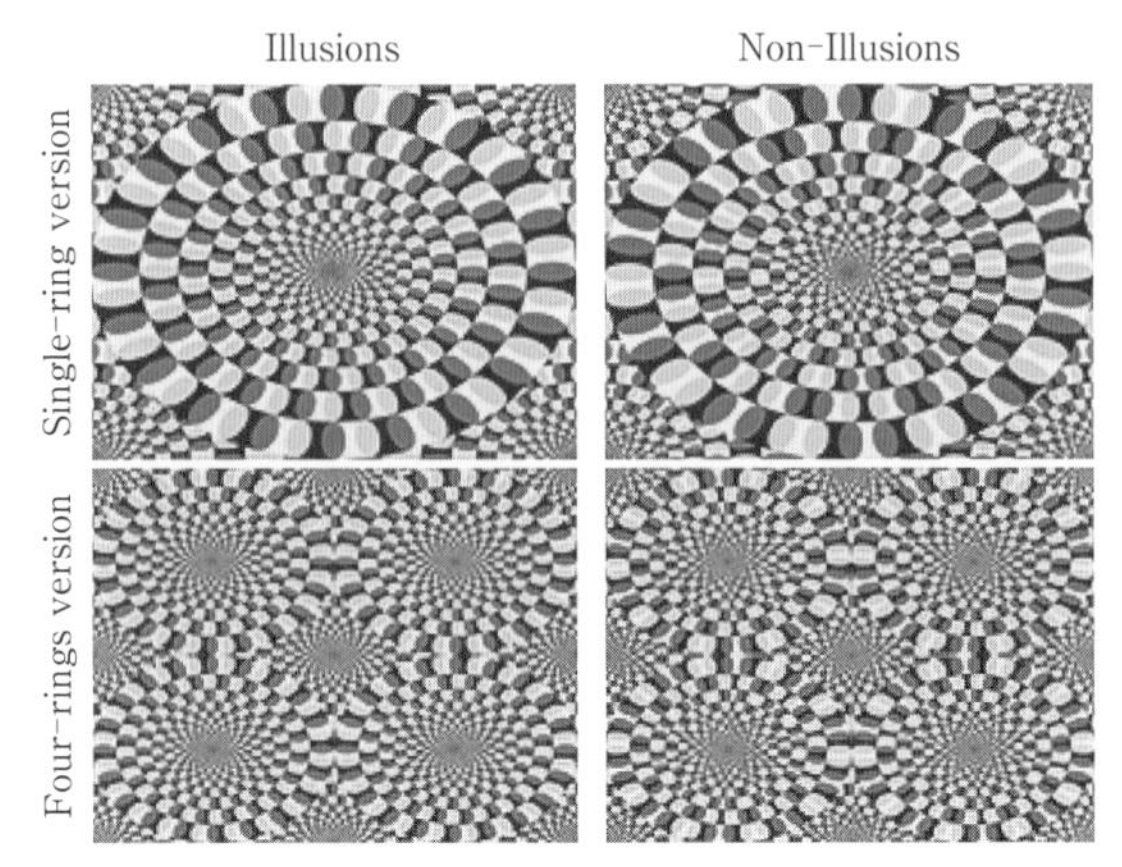

図 4-5　【論文掲載図版】「蛇の回転錯視」画像（北岡明佳、2013）
（一つの輪と四つの輪／錯視が起きるパターンと起きないパターン）

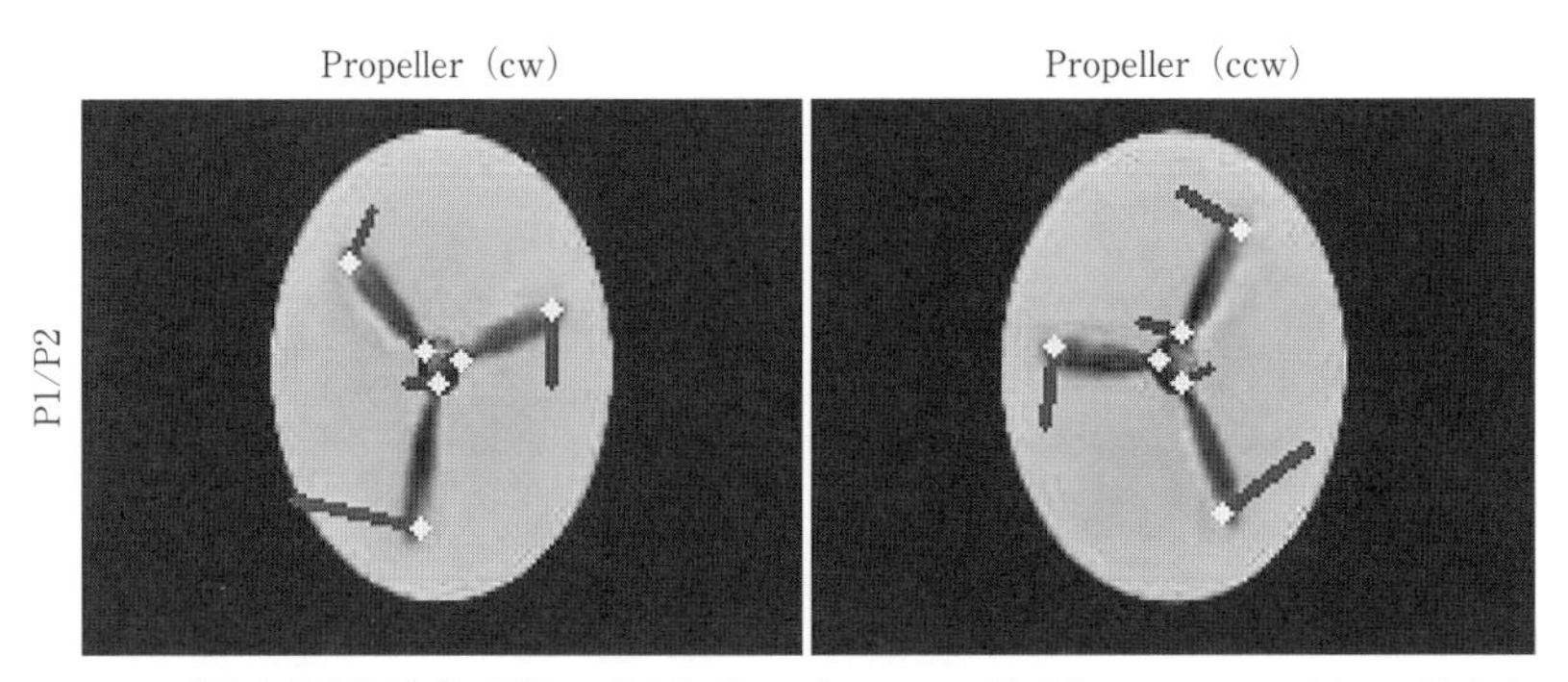

図 4-6　【論文掲載図版】実際の「回転するプロペラの動画」の 1 コマに対して検出された「動き」の予測ベクトル（時計回りと反時計回り）

と慎重に位置づけている。

そして、

「ディープニューラルネットワークがこれらの錯覚を経験していると判断するにはさらなる研究が求められるが、現実世界の中でディープニューラルネットワーク技術を使用することは、これらの錯覚が実際的なリスクに関わるエラーを生み出すという可能性をもたらす。ユーザーはこの可能性を認識すべきである。」（Watanabe, et al., 2018: 9）

として、ＡＩシステムのリスク認識を促している。

また、PredNet／ディ

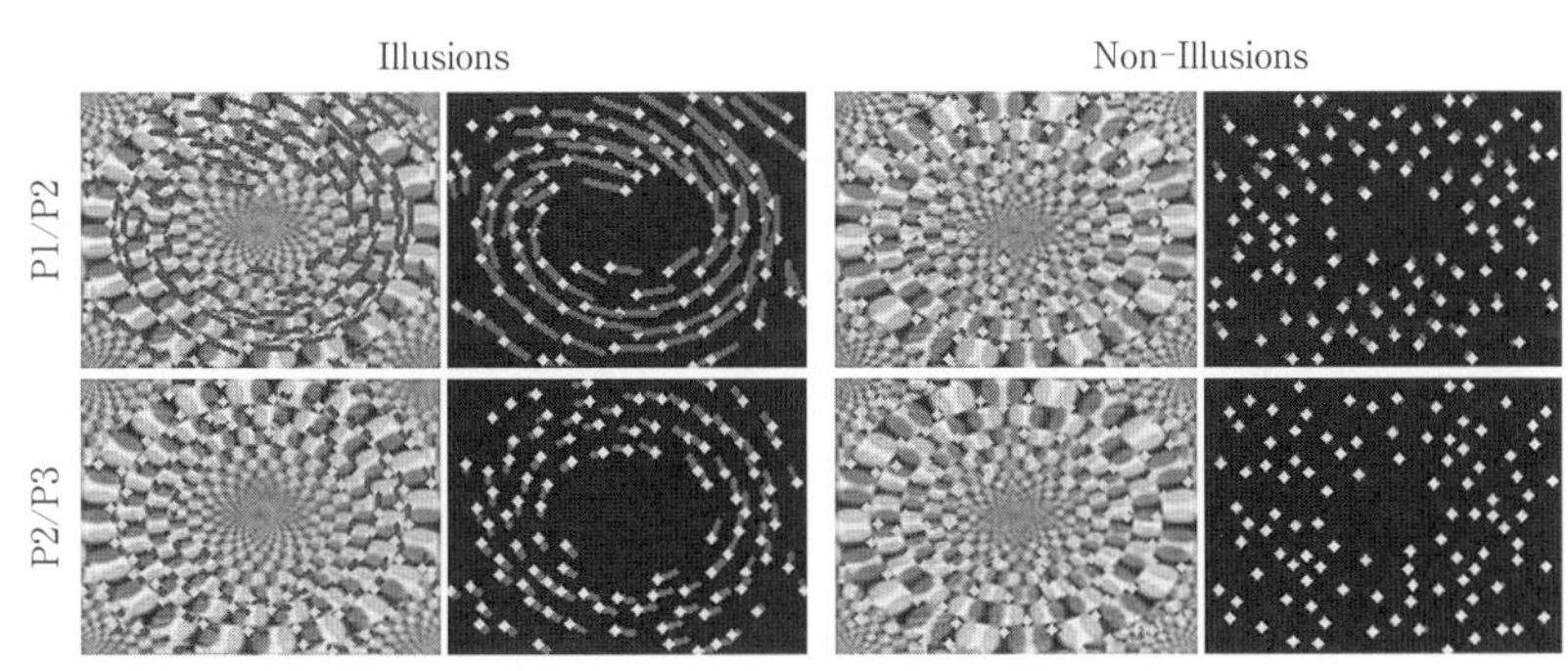

図 4-7　【論文掲載図版】「蛇の回転錯視」画像に対しても検出された「動き」の予測ベクトル（「錯視が起きないパターン」に対しては「動き」の予測ベクトルがほとんど検出されない）

ープニューラルネットワークを人工脳と仮定して実際の人間の脳と対照しながら心理物理学的なアプローチを進めていくことが、「脳の動作原理を研究するための鍵となるツールの一つになることが期待される」（Watanabe, et al., 2018: 10）と意義づけている。

しかしながら、我々人間にとって言語化や概念化に先立つ生理的／器質的なレベルの知覚として「見えてしまう」と同時にあくまで「錯覚＝イリュージョン」であるはずの「動き」が、人工的なＡＩシステムのパターン処理によってもベクトルとして検出された、ということのインパクトはやはり大きい。言語的シンボルの論理操作だけではなく我々自身の生理的／器質的な部分についても、おそらく我々の素朴な直観以上にデジタルコンピューターのハードウェアとプログラムによってその働きを再現できる可能性が示唆されているからである。

実際に先述の主要新聞記事でも「ＡＩも錯覚を起こす」といった表現で記述され、Cat Paper などによって定着した「認識の主体」というイメージが前提となった上で、さらに「人と同じように錯覚まで起こした」という文脈で報じられている。著者達が論文中で記述している意図やニュアンスが必ずしもそのまま伝わる訳ではなく、社会的なコミュニケーション・言説はそれ自体で連続的・累積的に連鎖していく。

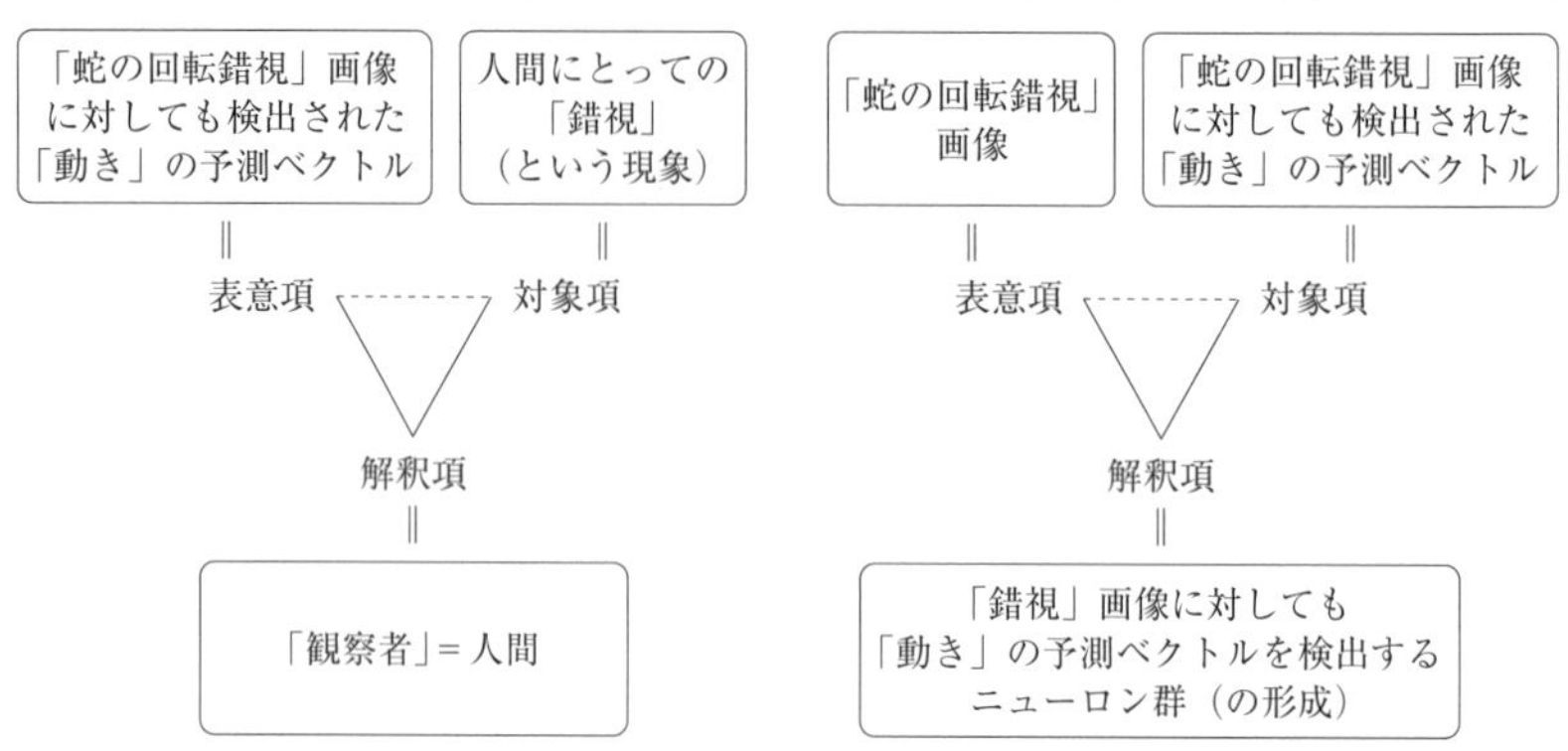

図4-8　「“蛇の回転錯視”の知覚再現」のＡＩシステムと「三項関係の記号過程」の類比

脳科学をはじめとする人間についての解剖／還元的な理解自体が絶えず進行中であり、さまざまな仮説と人間の生理的／器質的な実際との異同について断じることはできず、将来的な予測も難しい。だが、ここでも前節における「設計的な構え」のなかでの「観察者自身を含み込んだ視点」と「観察者自身を捨象した視点」という二つの視点を意識化して考えてみよう（図4-8を参照）。

論文における著者達の記述は明確に「観察者自身を含み込んだ視点」を取っており、そこから「人工脳と仮定して実際の人間の脳と対照しながら心理物理学的なアプローチを進めていく」として、抽象的に再現できている働きと、全く異なっている物理的な構成要素を、それぞれ明確に認識した上で類比している。

しかし、社会的なコミュニケーション・言説のなかで、ＡＩを認識論的な述語の主語とするような擬人化が所与の前提となった上で「ＡＩも錯覚を起こす」と単純化されるとき、その「志向的な構え」は、やはり「観察者自身を捨象した視点」を取った「設計的な構え」によって促されているのである。

さらにいえば、我々は自分自身の「盲点」を観察することはできないように、自分自身に「錯覚が起きていること」自体を観察することはできず、まさに「志向的な構え」しか取りえない。本研究のシステムでは外部からの「設計的な介在」があってこそ動きの予測ベクトルの「真偽」が外挿され、「錯覚が起きていること」自体が観察されているのだ。

本節では、AIすなわち機械の自律性について、概念・言語レベルでの擬自律性＝擬人化だけでなく、生理的／器質的なレベルでの擬自律性＝擬生命化の問題もありえることを確認した。それは我々自身の人間・生命への理解をより深く問い直すが、そこに生じる擬自律性についてもやはり「設計的な構え」のなかでいずれの視点を取っているかが重要であることを確認した。次節では、本章の考察対象である二つのAIシステムを含め、現状のAIシステムすべての実現基盤であるデジタルコンピューターの本質として、「我々人間の意味解釈が前提されている」ことについて考えたい。

四　そこで「処理」されている「パターン」とは一体何か

Cat PaperにおけるAI・コンピューターが「自ら物体を識別する概念の形成」をするというイメージの実像、そして「〝蛇の回転錯視〟の知覚再現」研究における「AI・コンピューターの錯覚」、それらの擬自律性と人間の自律性の関係について考察してきたが、最後にそれらのシステムを含めたAIシステムが実現基盤としているデジタルコンピューターと、我々との関係について考察する。そこで処理されている「デジタルなパターン」とは、我々にとって一体何なのだろうか？

Cat Paperにおいて、ディープニューラルネットワークへの数値最適化によって生成された画像。それを「〝猫〟という概念の獲得」と見なすにせよ見なさないにせよ、確実に存在しているのは、最終的にその画像すなわちデジタルな画素の集合を見てそこに「猫」を見出だしている「我々＝観察者」である。

ＡＩシステムによって新たに生成されたこの画像であれ、何らかの光学系を通してＡ（アナログ信号）／Ｄ（デジタル符号）変換をされた「写真」であれ、人間がマウスやペンタブレットを使って描いた「絵」であれ、我々は「回転錯視」に動きを見てしまうのと同じように、そこに「猫」や「人の顔」を見出だしてしまう。あまりに画素数＝解像度が少なければ認識・解釈は起こりがたいが、観察している人間それぞれの「錯覚」によって知覚的に補完可能な解像度を有すれば、静止画像の連続としての動画像における「仮現運動」のように、我々はそこに図像的な意味を見てしまうのだ。

基礎情報学においては、最広義の「情報」を「それによって生命がパターンを作り出すパターン」として定義するが、それらの位相によって「生命情報」「社会情報」「機械情報」という三つの概念に区別している。人間で言えば、「痛み」として言語化される以前の生理的／器質的な感覚刺激が生命情報であり、それらが観察・記述されて他者と交換可能なパターン＝言語や記号で表されたものが社会情報である。そして最後に、コンピュータやメディア技術によって媒介される「意味が潜在化した」情報という概念が機械情報である。

機械情報において「意味が潜在化している」とは、つまり信号／符号としてパターン処理や変調復調などが自在に行われるとしても、最後には観察者＝人間の観察によって「かたちのアナロジー」として「意味」が解釈され、事後的に「意味が潜在化していた」と捉えられる、ということである。「記録」という観点から見れば、その「意味の潜在化」にはメディア技術ごとに度合いの差も生まれ、たとえば視覚的な機械情報について考えてみると、光学系として「図像的なかたち」――人間が図像的なアナロジーとして直接「意味」を「観察」「解釈」できるパターン――が焼き付けられる映像フィルムよりも、光学的な信号が電気的な波形に変換されて刻まれるビデオテープにおいて、人間にとっての「意味」はより潜在化している。

さらに、視覚情報であれ音声情報であれすべてが、「入力」と「出力」の間においてはデジタルな符号＝二値のビット列――直接的な“shape”という意味での「かたち」の関係性は断ち切られたパターン――となるデジタルデータは、いわば「ラディカル機械情報」ともいえよう。

その「入力」の際には、たとえば画像情報について、基本的には光をフィルターによって分光した赤・緑・青の周波数帯ごとの光の明るさの強弱を、イメージセンサーの各画素で256段階＝8 bitでデジタル化する。また、たとえば音声情報について、空気の振動がマイクロフォンによって電気的な信号となり、その波形を44.1 kHz＝一秒間に44,100回、16 bit＝65536段階でデジタル化したデータを記録しているのが、いわゆるCD（コンパクトディスク）である。それらはみな先述のように、最終的にD（デジタル符号）／A（アナログ信号）変換して「戻した」際に「人間が知覚的に補完可能か」という基準で設計された、人間による恣意的な「世界のデジタル化＝分節化」である。

そうしてデジタルコンピューターの「内部」に入力されたデジタルデータは、すべて等しく二値のビット列ではあるが、「意味の担い方」としては二つの様態に分かれる。一つはこれまで述べてきた例のように、人間による自律的な解釈を前提とした「ドット（ビット）集合としての符号」であり、もう一つの様態は、いわゆるプログラムコードや機械可読なデータとしての「符号化された論理＝言語的シンボル」である。

具体的には、たとえばデジタルカメラで写真を撮ってデジタルな画像データであるJPEGファイルが生成された時、その内部にこの二つの様態が混在している。まず、先述のようにイメージセンサーの各画素が受けた光の強弱を8 bitや16 bitでデジタル化した画像本体が、ドット（ビット）集合としての符号である。対して、同じファイルのなかにExifという規格に則って付加されたメタデータ――撮影日時や撮影時のカメラの光学的設定情報、撮影時のGPSによる位置情報など――の部分が符号化された論理＝言語的シンボルである。

符号化された論理＝言語的シンボルは、あたかも人間の「観察」を前提とせずに、コンピューターの内部で言語的シンボル操作として、自律的に処理ができるかのように思われがちである。我々がスマートフォンのカメラで撮影してＳＮＳにアップロードしたJPEGファイルにExif情報として位置情報が刻まれていれば、たちどころにＳＮＳのサーバー側でその位置情報は「東京都千代田区〜」と言った他の言語的シンボルと結び付けられ、過去に自分以外のユーザーがアップロードした膨大な写真とも、瞬時に位置関係の計算が行われる（Uematsu, et al. 2004）。

しかし、たとえば符号化された論理＝言語的シンボルの集合であるデジタルな文字コード列としての「テキストデータ」についても、最終的に我々が触れているのはフォントの図形データと組み合わせて図像的な「文字」としてレンダリングされた画面上の画素の集合である。つまり、コンピューターの中ではパターン処理すなわちシンボル操作が可能な符号化された論理＝言語的シンボルであっても、やはり我々に「出力」される際の界面＝インターフェースにおいてはドット（ビット）集合としての符号の様態となり、人間が「図像的なかたちのアナロジー」としての「意味」を解釈しているのだ。音声であれ、触覚的な情報であれ、その構図は変わらない。入力と出力いずれの界面＝インターフェースにおいても、人間による恣意的な解釈がかかわっているのである[10]。

ドット（ビット）集合としての符号とはいうなれば、ＡＩの第二次ブームと第三次ブームの狭間に存在した一九九〇年代前後の「パーソナルコンピューター」パラダイムにおける「マルチメディア・データ」なのである。デジタルデータのそうした様態を意識化することは、ＡＩと表裏一体を成すＩＡ（Intelligence Amplifier）としてのコンピューターと、それに対する「ユーザー＝人間」の存在をあらためて意識化することでもある。

一方、人間の「錯覚」についても、「蛇の回転錯視」などの心理物理学で扱われている「知覚イリュージョン」には、（ａ）「万人におおむね共通であり」、（ｂ）「脳の適応的な機能（たとえば奥行き知覚や対比、グルーピングなど）を反映し」、（ｃ）「知識によって消されず、あまり弱められることもない」、という定義が存在する（下條、

2015: 68)。しかし、先述のように人間が機械情報を「観察」して「意味」を解釈し「記述」するプロセスにおいては、そして社会情報を担うさまざまな「記号」から「意味」を解釈するプロセスにおいても微視的に考えれば、(a)と(b)は該当するが(c)が該当しない「錯覚」的な現象がつねにかかわっている。

それによってこそ、機械情報が再び原基的な生命情報として知覚され、さらに社会情報として観察・記述されるといった循環的なプロセスが成立している。そして、生命情報を観察・記述した社会情報を担う各種の「記号」が、微視的にはまず原基的な生命情報として知覚された上で観察・記述され新たな社会情報が生まれる再帰的循環や、さらに生命情報が直接サンプリングされた信号としての機械情報が、再び原基的な生命情報として知覚される非言語的な循環も成立しているのだ(図4-9)。

そうした機械情報と我々との界面=インターフェースと、そこにかかわる「錯覚」について、興味深い具体例を見てみたい。

NTTコミュニケーション科学基礎研究所がウェブサイト「Illusion Forum(イリュージョンフォーラム)」にて公開している錯覚体験の一つに、「隠された文字」というプログラムがある(http://www.kecl.ntt.co.jp/IllusionForum/v/findLetter1/ja/index.html)。ぜひウェブサイトにアクセスし、自身でも直接「錯覚体験」をしてもらいたいが、概略としては次のようなプログラムである。

最初に左側の「断片」と、右側の「赤丸」群に分かれた状態(図4-10)では、おそらくそこに「意味」を解

(10) デジタルコンピューターによって文字の「図像的なかたち」と「言語的シンボルとしての意味」を分離して扱えることについての分析、およびそれがもたらした功罪への考察が、阿部卓也(2006)「情報デザインとしての字形論のための覚え書き」、および阿部卓也(2005)「漢字デザインの形態論：字形論再定義のための一試行」においてなされている。

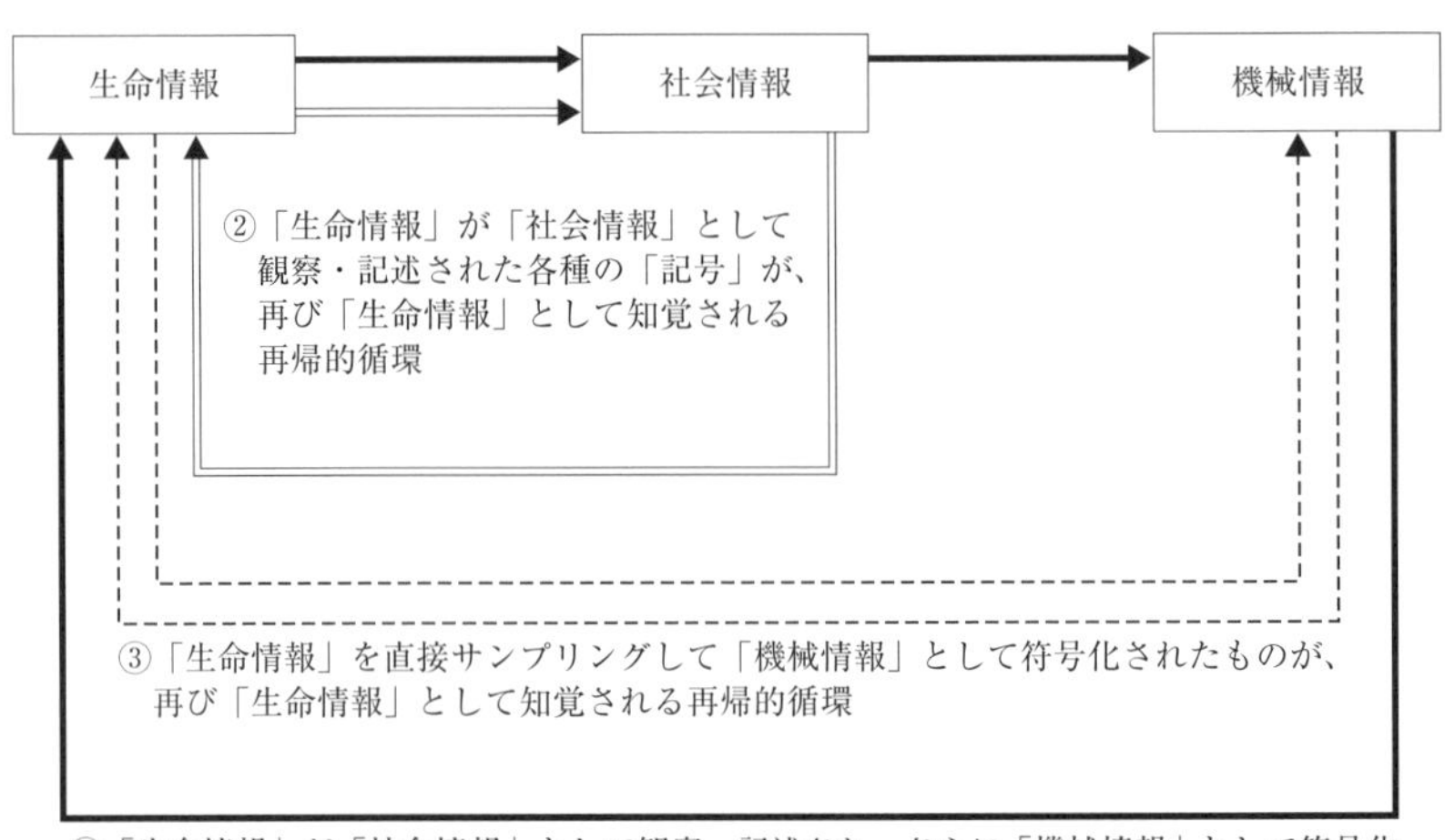

図4-9　「生命情報」「社会情報」「機械情報」の循環的関係

釈できる人はいないだろうが、両者をかみあわせて「断片」の欠落が「赤丸」群で埋められた（しかし欠落部分の輪郭自体が補われたわけではない）瞬間に（図4-11）、そこに我々は存在しない部分の輪郭まで知覚的に補完して「ＡＢＣＤ」の文字を見い出してしまう。

この「錯覚」はまさに、先の（a）と（b）はおそらく満たすが、（c）を満たさない。すなわち①「生理的／器質的な構造」だけでなく、②「かたち」についての「自律的な記憶・歴史性」、さらに③「それが〝アルファベット〟という文字体系の一部である」という前提が共有されている「社会的な拘束・制約」、の三要素がすべて働いている観察者でなければ、欠落部分の輪郭が知覚的に補完されること、「文字」が見えること、「ＡＢＣＤ」という文字として観察・記述できること、そのプロセス全体は起こりえない。

このように、最終的にドット（ビット）集合としての符号であるデジタルデータから「意味」が解釈される界面＝インターフェースにおいては、

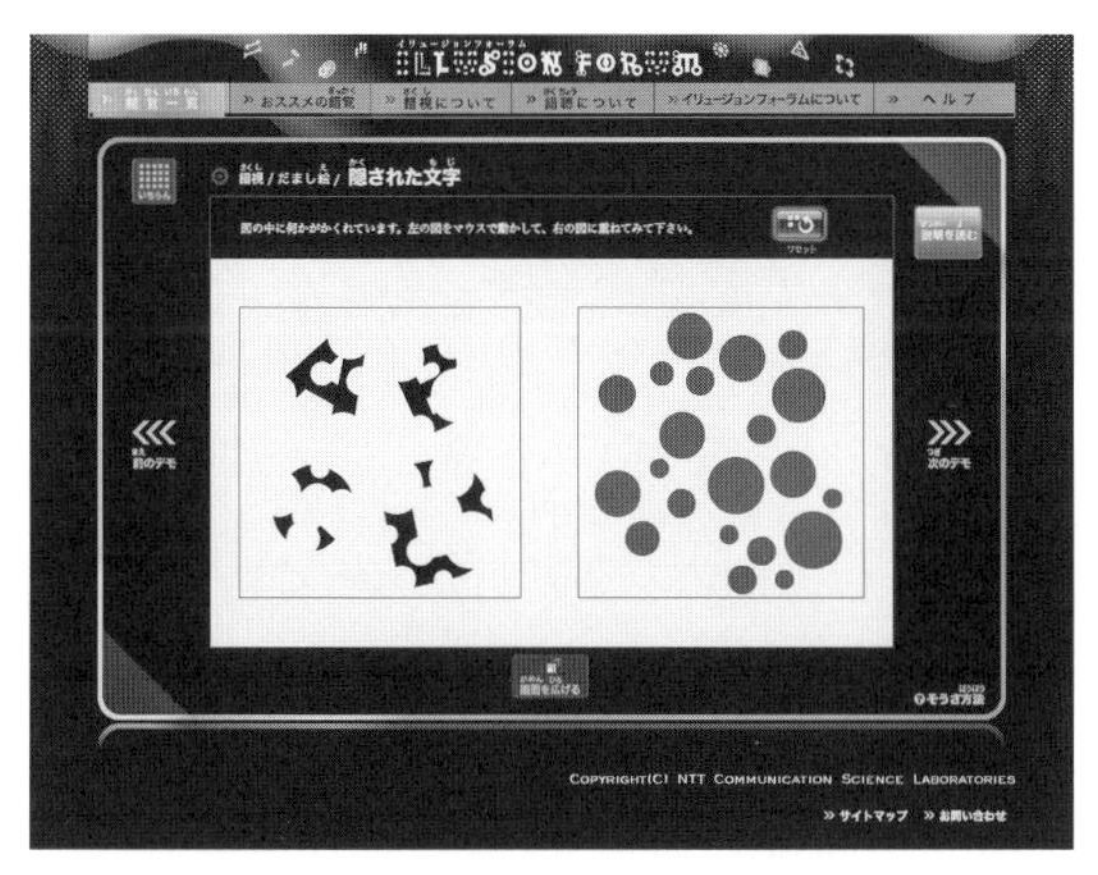

図 4-10　「隠された文字」の錯視①

出典：「隠された文字」、「Illusion Forum」NTT コミュニケーション科学基礎研究所
http://www.kecl.ntt.co.jp/IllusionForum/v/findLetter1/ja/index.html
（2019 年 5 月 31 日確認）

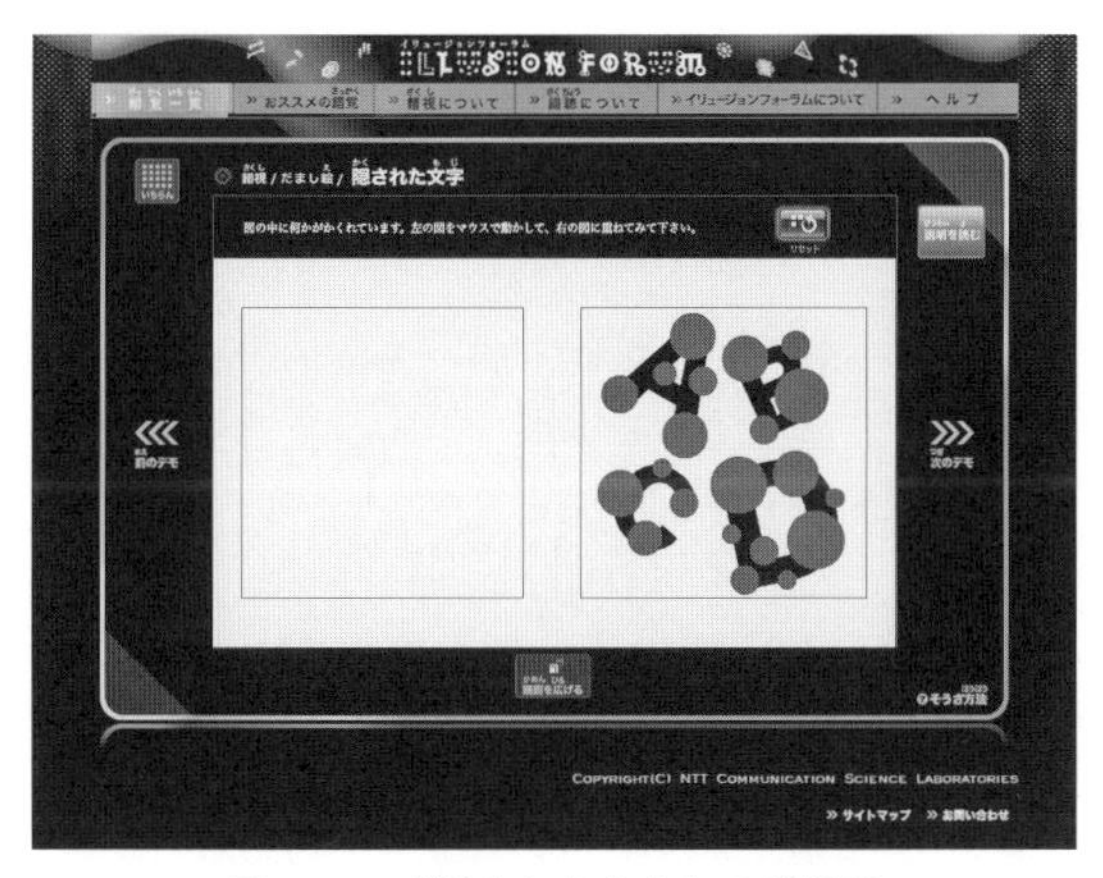

図 4-11　「隠された文字」の錯視②

出典：「隠された文字」、「Illusion Forum」NTT コミュニケーション科学基礎研究所
http://www.kecl.ntt.co.jp/IllusionForum/v/findLetter1/ja/index.html
（2019 年 5 月 31 日確認）

①　生理的／器質的な構造……物理的な感覚知覚器や神経細胞網（「心的システム」にとっての「環境」）
②　自律的な記憶・歴史性……「心的システム」のオートポイエーシス
③　社会的な拘束・制約……HACSにおける上位システム＝「社会システム」からの
という三要素が不可分に働いて、「かたちのアナロジー」が成立しているのである。

ディープニューラルネットワークをはじめとする現在実現しているＡＩシステムについて、人間と等しく自律的な「強いＡＩ」がすでに実現された、あるいは現在の延長に実現の目処がすでに立っている、とする主張は工学研究者や実用開発者においても稀である。しかし、デジタルデータの二つの様態である符号化された論理＝言語的シンボルとドット（ビット）集合としての符号との関係、またそれら二つの「パターン」の「処理」をどのように捉えるかについては、議論が分かれている。

大別すれば「人文的」な捉え方として、たとえば構造主義／ポスト構造主義的な観点から符号化された論理＝言語的シンボルについて「人間から自立した意味の体系」と認めつつも、人間があえて「符号化された言語的意味」とは別の図像的アナロジーをそこに見出だしてしまうことによって成立する「アスキーアート」のような両義的な意味の担い方に注目する議論がある。そこでは、あくまで「人間＝観察者」の存在は前提されている。(11)

また「工学的」な捉え方もある。ディープニューラルネットワークの実用化・性能向上という技術的ブレークスルーによって、これまで困難だったマルチメディア・データ＝ドット（ビット）集合としての符号を言語的シンボルへと「記号化」「シンボル化」するための「パターン認識」が実用度を飛躍的に高め、ＡＩシステムの発展が先行してきた「シンボル操作」すなわち（言語的シンボルという意味での）「記号処理」において、より幅広い対象が「処理」可能となった。それをまさに「ディープラーニングはＡＩの目」といった表現で意義づけ、従来の「記号処理」とのハイブリッドシステムとして機能すれば、ＡＩシステムの中の「記号（言語的シンボル）」

と実世界との「接地（グラウンディング）」問題（いわゆる記号接地問題）が（少なくとも工学的な実用利得の問題としては）解決する、といった議論である。[12]

後者の議論も、第三次ブームにおいてＡＩにこれまでと質的に異なる擬自律性が生じるようになった要因についての「工学的な視点からの観察・記述」として本章での考察と対応するものである。しかし、ＡＩシステムのみならずデジタルコンピューターというシステムは必然的に「人間による解釈」を前提として成立していることは、やはり指摘されねばならない。

第一節で紹介した“On Seeing Human: A Three-Factor Theory of Anthropomorphism”の研究では、擬人化の心理的な決定要因としての三要素が逆に弱い場合：①「対象が人間と異形であり」、②「対象を理解したいという欲求が弱く」、③「自分が強い帰属意識をもつ社会的共同体に対象が属さないと思われる」ときに、いわば「反転した擬人化（Inverting Anthropomorphism）」として「人間の非人間化（Dehumanization）」すなわち非人間的な取り扱いへとつながる可能性も示唆されている。そのような可能性は杞憂ではなく、我々が人間・生命も入出力関係のみで捉えれば、そこに擬他律性が生じて他者の自律性が存在しないかのように「観察」することができてしまう。[13]さらにＡＩシステムなどのＩＴによる自動処理の絶大な力を手にしたとき、「観察者」である我々

（11）　たとえば、主にＡＮＴ（アクターネットワーク理論）を援用する久保明教（2018）『機械カニバリズム』において、「統語論」的な「コンテクストに依存しない機械的な情報」、「語用論」的な「コンテクストに依存する人間的な情報」という二つの「情報」概念を措定した上で、その相互変換を可能にしているのはＣＭＣ（コンピューターを介したコミュニケーション）であると位置づけられている。

（12）　たとえば、松尾豊（2015）『人工知能は人間を超えるか』や、鳥海不二夫（編）（2017）『強いＡＩ・弱いＡＩ』における松尾豊や中島秀之の議論があげられる。

の存在に無自覚であれば、むしろ他者への他律的なコントロールをひたすら効率化する方向へとその力を用いてしまう恐れがあるからである。

五　おわりに――「ＡＩが解釈している」と「解釈」している我々人間＝観察者――

本章では、デジタルコンピューターによるＡＩシステムに生じる擬自律性、特に第三次ブームによる新たなパラダイムとして社会的に現実化した、認識や意味解釈、概念の形成・獲得といった認識論的な述語の主語としての擬人化について考察してきた。

まず擬自律性＝擬人化／擬生命化について、基礎情報学のHACSモデルを援用することで人間の「観察」において擬自律性が生じ、擬他律性もまた生じる可能性が理解できることを確認した。そして、ＡＩシステムに対して「設計的な構え」を取って「観察」する場合にも「観察者自身を含み込んだ視点」と「観察者自身を捨象した視点」という二つの視点がありえることを示した。後者の視点からは観察者と同じ位相に存在するさまざまな人間の介在も捨象されるため、社会的な言説・イメージとしての擬自律性に説得力を与え、むしろＡＩシステムに対して「志向的な構え」を取り、「認識論的な主体」として擬人化することにつながっている可能性を指摘した。

さらに、「錯覚」をめぐる問題に着目することで、むしろ生理的／器質的な類比にかかわるＡＩシステムの研究も進んでいること、しかしそうした擬生命化のレベルにかかわる擬自律性についても、やはり「観察者」の存在と視点を意識化して理解できることを確認した。一方で、我々人間がＡＩシステムを含むデジタルコンピューターとかかわって意味解釈が成立する、すなわち〝人間＝機械〟複合系として機能する際にも、その界面＝インターフェースには、人間による自律的な意味解釈が生み出す広義の「錯覚」が関わっていること、すなわち「観察者」が不在ではありえないことを指摘した。

本章での考察は、いわば原義的な意味での「ユーザーイリュージョン」[14]がそもそもデジタルコンピューターとデジタルデータからいかにして生じるのかを、その界面＝インターフェースに対する微視的な着目と、ネオ・サイバネティクスにおけるオートポイエーシス論の理論モデル、そして基礎情報学の情報概念によって総合的に捉える試みである。「認識論的な主体としてのＡＩ」という擬自律性が「社会的なイリュージョン」として拡大・拡散し続ける中で、少なくとも現状のＡＩシステムすべてが実現基盤としているデジタルコンピューターと人間

（13）現実にも、二〇一六年のアメリカ大統領選挙に象徴される対立と分断の中で、人々がＳＮＳ上で反対意見の人々の存在に対して単にＢｏｔアカウントと疑うなどに留まらず、哲学的な議論による正当化も背景としながら（木澤、2019a および 2019b）、〈人間とは認めても〉自律的な知性をもつ存在として認めない、といった事態が起きている。

木澤佐登志「アメリカの反リベラル運動に「ゲーム」が利用されていることの意味」、「現代ビジネス」講談社、二〇一九年。https//gendaismedia.jp/articles/-/64848（二〇一九年五月三一日確認）

（14）「ユーザーイリュージョン〈利用者の錯覚〉」という語は、日本では二〇〇二年に翻訳出版されたトール・ノーレットランダーシュによる同名の著作（Nørretranders, 1991＝2002　※邦題は一九九八年の英語版にならったもの）によって広く知られている。ここでいう原義的な意味での「ユーザーイリュージョン」とは、同書でも概念の由来として紹介されているアラン・ケイを中心としたゼロックス社のパロアルト研究所におけるコンピューターの設計についての議論を指す。すなわちコンピューターの内部処理を捨象して人間＝ユーザーにとって了解しやすい「見え方」に重きを置く、現在のスマートフォンなどに至るまで踏襲されているユーザーインターフェースのデザイン思想である。

「ユーザーイリュージョンはメタファーであり、実際の0と1など相手にしない。そのかわり、0と1が全体として何ができるかを問題にする。そう考えると、ユーザーイリュージョンは、意識というものを説明するのにふさわしいメタファーと言える。私たちの意識とは、自己と世界のユーザーイリュージョンなのだ。」（Nørretranders, 1991＝2002: 357）

の意味解釈との基礎的な関係について、そこにかかわる「ミクロなイリュージョン」を捨象せずに、あらためて精察していく必要があるだろう。擬自律性という「イリュージョン」は、我々の観察・記述に先立って生じて、存在しているのではない。観察者である我々がそのように解釈した際に、はじめて生じているのだ[15]。

本章での議論は、いわゆる「強いＡＩ」の実現可否についてただ思弁的に論じたものではない。また、認識や意味解釈、思考といった人間の「知能」が、少なくともチューリングテストのような入力と出力の問題として、すなわち工学的な実用利得の問題としては、近似的に限りなく再現できる可能性も否定するものではない。

しかし、渦中の第三次ブームを含めて現状すべてのＡＩシステムが実現基盤としているデジタルコンピュータは、必ず人間による意味解釈が前提された〝人間＝機械〟複合系として存在していること、とりわけ人間社会のコミュニケーションの中でＡＩが「人間のような主体」として機能する際には、むしろ必然的に人間による意味解釈が前提されることが、本章における考察の帰結として導かれる。それは、消極的に近代的な人間主体へと、ミシェル・フーコーをはじめとする二〇世紀の知的営為によって相対化された人間中心主義へと後退するということではない。ただ無視できない事実として、「我々にとっての世界」が「デジタルなパターン」として処理されるためには、逃れ難く「我々＝観察者」の存在が必要なのである。

ラディカルに自律的な存在である人間が世界を分節＝デジタル化した結果である機械情報を、また人間がラディカルに自律的なアナロジーによって意味解釈している再帰的なプロセス。その一部であるからこそ成立しているデジタルコンピューターの内部のパターン処理が擬自律性を生じるとき、そこに浮かび上がるのはむしろ極めて人間的な、自分達の認識や意味解釈、概念の形成・獲得の似姿をそこに見ている＝解釈している「ナルシス」としての我々の姿である。

我々がそこにイリュージョンを見出だしていること自体」について、あらためて精察していく試みである。

(15)　Nørretranders・前掲注(14)、そして東浩紀の一九九〇年代における考察(東、2011)においては、本章と同様の「インターフェースとイリュージョン」についての着目から、主として我々の「主体」という概念の新たなとらえ方やあり方についての議論が展開されている。一方、本章における議論は、あまりにも明らかなゆえに捨象されやすい「まず

［参考文献］

東浩紀『サイバースペースはなぜそう呼ばれるか＋』河出書房新社、二〇一一年
阿部卓也「情報デザインとしての字形論のための覚え書き」『溶解する［大学］』（新記号学叢書［セミオトポス］第3巻）慶應義塾大学出版会、二〇〇六年
阿部卓也「漢字デザインの形態論：字形論再定義のための一試行」（第4回竹尾賞デザイン史研究論文部門優秀賞）、二〇〇五年
有馬道子『パースの思想：記号論と認知言語学』岩波書店、二〇〇一年
岡田美智男『弱いロボット』医学書院、二〇一二年
岡田美智男『〈弱いロボット〉の思考：わたし・身体・コミュニケーション』講談社、二〇一七年
河島茂生「新聞記事に見る人工知能やロボットの言説の変化」人工知能三十二巻六号、二〇一七年、九三五-九四二頁
木澤佐登志『ニック・ランドと新反動主義：現代世界を覆う〈ダーク〉な思想』講談社、二〇一九年a
木澤佐登志『ダークウェブ・アンダーグラウンド：社会秩序を逸脱するネット暗部の住人たち』イースト・プレス、二〇一九年b
木下長宏「美術史以前：「無文字文化」と「文字文化」」『思想史と人類学の対話：ユニバーサル・ミュージアムが近代を問い直す』東海大学課程資格研究センター、二〇一九年、六-二九頁
久保明教『機械カニバリズム』講談社、二〇一八年
下條信輔「潜在脳、自由意思、社会」『身体と親密圏の変容（岩波講座現代第7巻）』岩波書店、二〇一五年
杉本舞『「人工知能」前夜：コンピュータと脳は似ているか』青土社、二〇一八年
鳥海不二夫（編）『強いAI・弱いAI：研究者に聞く人工知能の実像』丸善出版、二〇一七年

西垣通『デジタル・ナルシス：情報科学パイオニアたちの欲望』岩波書店、一九九一年
西垣通ほか『思想としてのパソコン』NTT出版、一九九七年
西垣通『基礎情報学：生命から社会へ』NTT出版、二〇〇四年
西垣通『続　基礎情報学：「生命的組織」のために』NTT出版、二〇〇八年
橋本渉「意味情報概念の定式化」『聖学院大学図書館情報学研究』（第6号）、聖学院大学図書館情報学課程、二〇一一年、二二一–三一頁
丸山圭三郎『ソシュールの思想』岩波書店、一九八一年
松尾豊『人工知能は人間を超えるか：ディープラーニングの先にあるもの』KADOKAWA、二〇一五年
Dennett, Daniel, *The Intentional Stance*, 1987＝1996. 若島正・河田学（訳）『志向姿勢の哲学：人は人の行動を読めるのか？』白揚社、一九九六年
Dennett, Daniel, *Kinds of Minds: Towards an Understanding of Consciousness*, 1996. 土屋俊（訳）『心はどこにあるのか』草思社、一九九七年
Epley, Nicholas,＝Waytz, Adam,＝Cacioppo, John T., *On Seeing Human: A Three-Factor Theory of Anthropomorphism*, 2007.
Foucault, Michel, Les mots et les choses, 1966. 渡辺一民・佐々木明（訳）『言葉と物：人文科学の考古学』新潮社、一九七四年
Goodfellow, Ian J., et al., *Generative Adversarial Nets*, 2014.
Goodfellow, Ian J., et al., *Explaining and Harnessing Adversarial Examples*, 2015.
Uematsu, Hiroki, et al., *Balog: Location-based information aggregation system*, 2004.
Le, Quoc, et al., *Building High-level Features Using Large Scale Unsupervised Learning*, 2012.
Maturana, Humberto,＝Varela, Francisco, *El árbol del conocimiento: Las bases biológicas del entendimiento humano*, 1984. 管啓次郎（訳）『知恵の樹』筑摩書房、一九九七年
Nass, Clifford,＝Yen, Corina, *The Man Who Lied to His Laptop: What Machines Teach Us About Human Relationships*, 2010. 細馬宏通（監訳）・成田啓行（訳）『お世辞を言う機械はお好き？：コンピューターから学ぶ対人関係の心理学』福村出版、二〇一七年
Nørretranders, Tor, *Mærk verden*, 1991. 柴田裕之（訳）『ユーザーイリュージョン―意識という幻想』紀伊國屋書店、二〇〇

二年
Proudfoot, Diane, *Anthropomorphism and AI: Turing's much misunderstood imitation game*, 2011.
Reeves, Byron, = Nass, Clifford, *The Media Equation: How People Treat Computers, Television, and New Media Like Real People and Places*, 1996. 細馬宏通（訳）『人はなぜコンピューターを人間として扱うか：「メディアの等式」の心理学』翔泳社、二〇〇一年
Szegedy, Christian, et al., *Intriguing properties of neural networks*, 2013.
Watanabe, Eiji, et al., *Illusory Motion Reproduced by Deep Neural Networks Trained for Prediction*, 2018.
Wiener, Norbert, *God & Golem, Inc.*, 1964. 鎮目恭夫（訳）『科学と神：サイバネティックスと宗教』みすず書房、一九六五年

第Ⅲ部　ＡＩ社会に組み込まれる個人

第五章　他者と依存し合いながら生起する社会的自律性

ドミニク・チェン

一　はじめに

生命は、そして人間は、自律的な存在なのだろうか。そもそも自律的であるとは何を意味するのか。これまで広義のサイバネティクス領域のなかでも、さまざまな抽象度のレベルにおいて自律性を対象化する研究がなされてきたが、領域をまたいだ自律性に共通定義は確立されていない。

そのため、自律性の問題をサイバネティクスおよび認知科学の領域で議論することには学術的な動機が存在するが、人間の自律性の問題は社会的な意義にもつながるだろう。たとえば働き方に関する改革や、社会的マイノリティーを包摂する社会のモデル、画一的な教育モデルの更新、さらには計算機による人間のスコア化など、個々人の実存に関わる議論のなかで、社会システムのなかでの人間の自律性が問題になっている。社会や集団の規範や法、経済原理や技術的基盤といった諸々の制約が複雑に絡み合うなかで、個々人はどこまで自律性を獲得できるのか。もしくは、自律性の概念そのものを更新する契機が潜んでいるのだろうか。

とはいえ、自律性概念の生物学的レベル、認知科学的レベルと社会的レベルという異なる抽象度の次元を架橋することは容易ではない。本章で試みるのは、サイバネティクスの流れの中で自律性を中心的な概念に据えたマトゥラーナとヴァレラによるオートポイエーシス理論に始まり、後にヴァレラがエナクティブ・アプローチと名

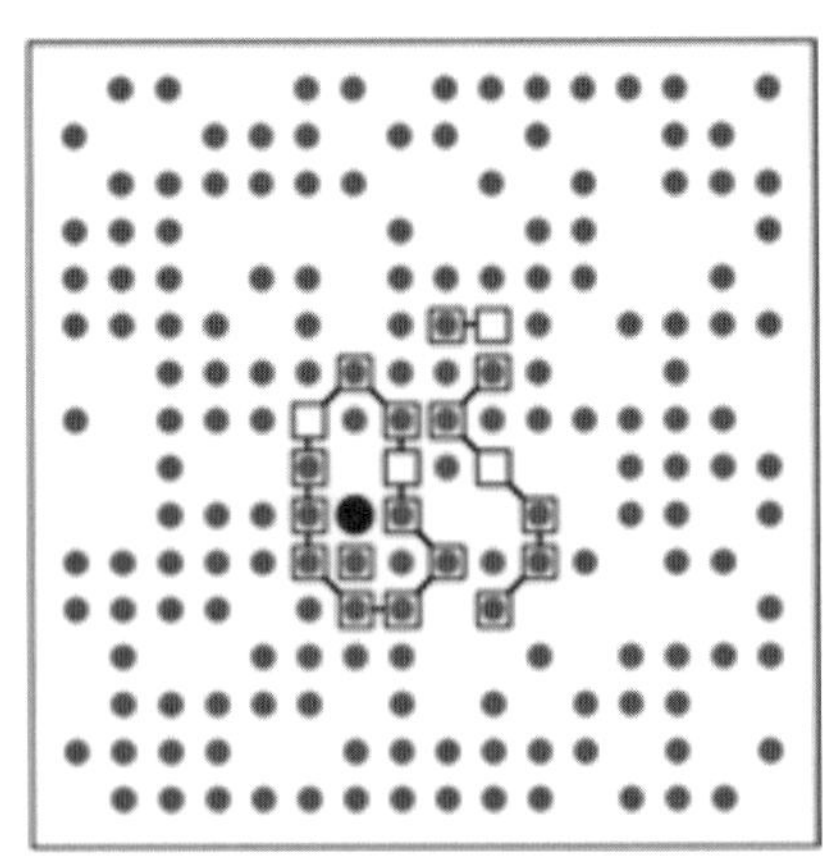

図5-1　SCLモデルの実行画面（K. Suzuki & T. Ikegami, 2004）

付けた認知モデルにつながる動きを振り返り、その先にある社会的な自律性の可能なモデルを素描してみることである。

二　サイバネティクスにおける自律性の系譜

生物と機械を等しくシステムとしてみなした一九四〇年代のサイバネティクス以降、システムを観察する存在の客観性を疑問符で囲んだ一九七〇年代のセカンドオーダー・サイバネティクスの議論が起こったが、その流れを牽引したマトゥラーナとヴァレラによる「オートポイエーシス」概念によってシステムの自律性の問題が重要視されるようになった。

細胞が持つ自己創出的な有機構成、つまりシステムがその構成要素を自ら作り続ける動きを指して、フランシスコ・ヴァレラとウンベルト・マトゥラーナは「オートポイエーシス」と呼んだのだった。この時、彼らはコンピュータ上でオートポイエーシスをシミュレートするＳＣＬモデル（図5-1）を考案している（Varela and Maturana, 1974）。

ＳＣＬモデルでは基質分子（Substrate）、触媒分子（Catalyst）、そして「膜分子」（Link）の三つの分子が化学反応することによって、細胞膜に似た同一性が動的に生成されたり、壊れたり、また修復されたりする様子が、二次元格子の上で描画される。環境内に溢れている基質分子を触媒分子が膜分子に変換し、膜分子同士が結合することで膜、つまり細胞の境界線が規定される。たとえ膜に穴が空いても、膜の中の分子が修復を行う。

もっとも、このＳＣＬモデルは、あくまでオートポイエティック・システムの単純なシミュレーションである。厳密にいえば、ＳＣＬモデルは、そのモデル自体は開発者が設定しており、基質分子や触媒分子の合成・連結・解離のルールも外部から与えられたものだ。そうしたモデル自体がシステムの内部から生成されてはじめて、そのシステムは自己創出するオートポイエティック・システムになるといえる。細胞は永い進化の過程のなかで自己組織的にオートポイエーシスを獲得したと考えられるが、ＳＣＬのシミュレーションはあくまで単純なルールを人間が設定している。とはいえ、このＳＣＬモデルは、自己創出するロジックを付与されたシステムが、ノイズの流れる環境のなかで自己同一性を動的に獲得する様子を可視化することで、オートポイエーシスのイメージを摑む助けになるものだ。

このように、ヴァレラは自己同一性の境界を再帰的に生成し続けるプロセスが自律性の生物学的な原理だと考えた。彼は自律的なシステムの要件を抽出し、「全ての自律的システムは構成的に閉鎖している」と主張した。そして、そのようなシステムを構成するプロセスは（a）自らの産出と実現そのもののために互いに再帰的に依存しあっており、（b）システムを、プロセスが存在している空間（領域）のなかで識別されるひとつの同一体として構成する、と表現している（Varela 1979）。そして、自律システムはその作動を持続させるために、環境と構造的にカップリング（結合）しているという。

たとえば細胞は、細胞が周囲環境との物質的な入出力の循環（構造のレベル）を保つことで、オートポイエーシスの作動を可能にしているため、環境と構造的にカップリングしていると考える。自律システムは物質レベルで外部と関係性を結ぶが、その作動原理は外部の影響を受けない。

ヴァレラの自律システムを巡る関心の対象は次第に、細胞から社会システムに移っていった。彼は『自律性と知識』と題した書籍のなかで、「生命体だけではなく、ある背景から分離し、区別され、認知的相互作用が可能な存在としての感覚が生じるあらゆる状況における集合体（生態的ニッチ、会計システム、対話、動物社会）について」語ろうとしている（Varela, 1988）。そこでは、「よく主張されるように、ある種類の社会システムが生命システムであったり、生命システムと同じ原理でふるまうということを意味しない」と断りつつも、「作動的閉鎖性はこの社会システムのために、生物の世界とある程度相似するが、非常に異なる性質によって特徴づけられる、自律的な挙動の領域を生み出す」と述べている。

そして一九九〇年代に入ると、ヴァレラは認知科学の領域に研究の場を移し、精神（Mind）の自律的構造を探求した。人の精神もまた、細胞のように、自らの境界を動的に再生成する機構を持っているのか？　そうだとすれば、その機構はどのような構造をしているのか？

晩年のヴァレラは脳科学や認知心理の方法論を駆使した共同研究を多数行いながら、近代科学技術主義における主観と客観の二元論を乗り越えようとした。具体的には、エナクティブ（enactive）な、つまり固定化された静的な平衡系としてではなく、動的に構成されるものとして認知現象を取り扱うための体系を築こうとし、メルロ＝ポンティの現象学やミンスキーのコネクショニズムを辿りながら、身体感覚と切り離されない認知（embodied mind）を捉えようとした。Enactという語は、「内側から働きかける」という意味の他にも「法に則って成立する」という意味も持つ。

三　自律性カテゴリの混乱

生物学的な自律性の定義から始まり、構成的閉鎖系の社会システムへの適用を経て、認知構造の研究へ至ったヴァレラの軌跡は、その後もエナクティブ・アプローチを採る認知ロボティクス、人工生命、インタラクション工学といった研究分野に引き継がれている。しかし、自律性の議論がこの過程でどのように進化したかは自明ではない。計算機科学と哲学の研究を進めるシャビエル・バランディアランは、過去三〇年ほどの文献を緻密に検証し、分類しながら、オートポイエーシス理論とエナクティブ認知科学の間で自律性を巡る認識論のズレが生じていることを指摘している（Barandiaran, 2017）。構成的閉鎖系の自律性は、システムがそれ自体を形成する（constitutive）ものであるのに対して、感覚と運動（sensori-motor）の構造的カップリングを前提とするエナクティビズムでは、認知作用は関係性（relational）のネットワークとして捉えられる。だが、エナクティビズムでは、自律的な閉鎖系であるはずの認知現象が感覚と運動の構造的カップリングによって構成されるというカテゴリ侵犯が起こっているという（図5-2）。

この自律性を巡るカテゴリの混乱について、ヴァレラは明確な解決を残せなかった。自律性の生命的な起源を解明し、そこから精神の自己創出的メカニズムに挑んだヴァレラの功績は限りなく大きいものだが、精神の新しい認識論を体系化するに至る前に病に倒れてしまったことが悔やまれる。それでも、彼らの見据えた視座に立つことで、わたしたちはその延長線を構築することができるだろう。

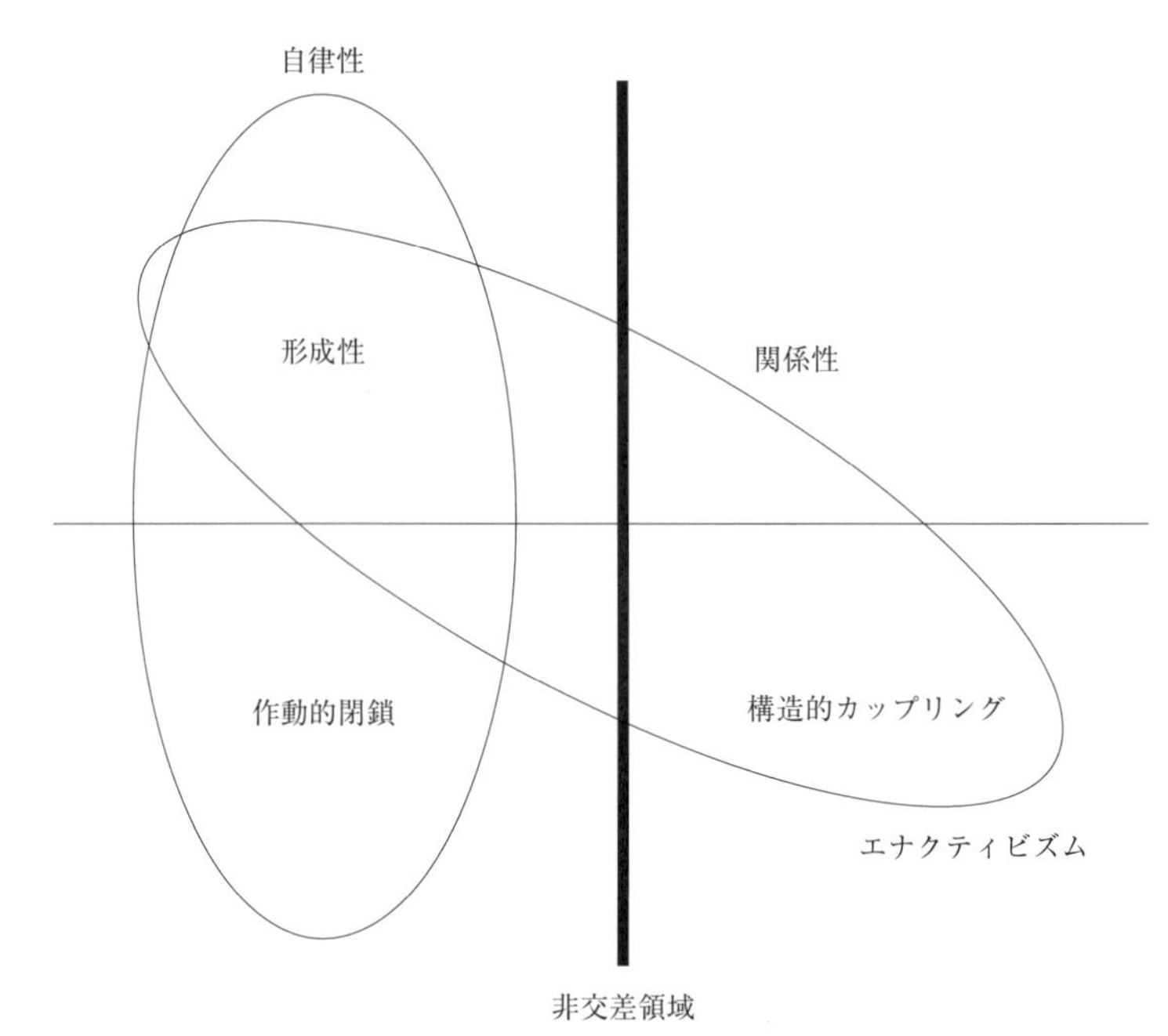

図5-2　マトゥラーナとヴァレラの枠組みにおける関係性と形成性（Barandiaran, 2017）を基に再作成

四　縁起概念と認知モデル

当然、マトゥラーナとヴァレラは他者の存在を無視したわけではない。オートポイエーシスの社会的次元への適用にあたっては、間主観性を論じたフッサールの現象学が引用されているし、マトゥラーナは特に共感的な現象学的領域（consensual domain）という概念に言及している（Maturana & Guiloff, 1980）。動物の場合においても、人間の場合においても、特定のコミュニケーションの共感領域と構造的にカップリングした言語的行為（Languaging）を通してしか個体の知性や認知は観察されえない。この発想はコミュニケーションという行動の結果に注視するものであり、後に社会システムの構成要素をコミュニケーションと捉えたルーマンの論につながる。

ヴァレラについていえば、エナクティビズ

ムの議論のなかでチベット仏教の概念に注目し、認知科学との接合を試みている。彼は特に梵語 pratityasamut-pada を codependent arising という用語に訳し、過去・現在・未来に関する諸々の意識や知覚が円環的な関係性のなかで自己を動的に形成すると考えた（図5-3）。

日本仏教においては pratityasamutpada とは因縁生起、略して縁起と呼ばれている。日本語話者にとっては「縁起」という語は日常生活においてもよく使われるので馴染みが深いだろう。いわゆる縁起の良し悪しというのは、合理的な意識の働きによって予測できる範囲外での因果律に配慮する認識論の表現である。「縁起の悪い言葉を使うと不幸が訪れる」というのは漢字圏に広まる言霊信仰とも癒着した考え方だが、これは本来のインド仏教における縁起概念から拡張されたものだろう。

Codependent arising というヴァレラの訳語は、そんな日本語話者にとっては固定的な観念となっている「縁起」概念を、新鮮な感覚で捉えなおさせてくれる。この言葉を日本語に訳せば「共依存的な生起」となるが、ヴァレラの議論に照らし合わせれば、異なる抽象度の知覚と認知が相互作用しながら（共依存的に）生起している様子の表現として受け止められる。彼自身による関連する研究として、現在性の知覚を認知心理学的に追跡しようとした研究（Varela, 1999）では、数百ミリ秒下の知覚と数秒レベルの認知が循環的に影響しあいながら、現在という時間の認識が生まれているということを説いている。

こうしてヴァレラの自律性の議論を振り返るとき、ある個人の心的システムにとって他者が及ぼす影響についての考察が比較的少ないことは注目に値する。他者も環境と同様に、自己にとってはまずは外的な存在として見なされる。無意識レベルの情動や知覚の動きが意識においても積極的な役割に注目する動きとしては、同じく一九九〇年代にはアントニオ・ダマシオのソマティック・マーカー仮説（Damasio, 1994）があるが、こちらもまたあくまで個人の認知にフォーカスが絞られている。

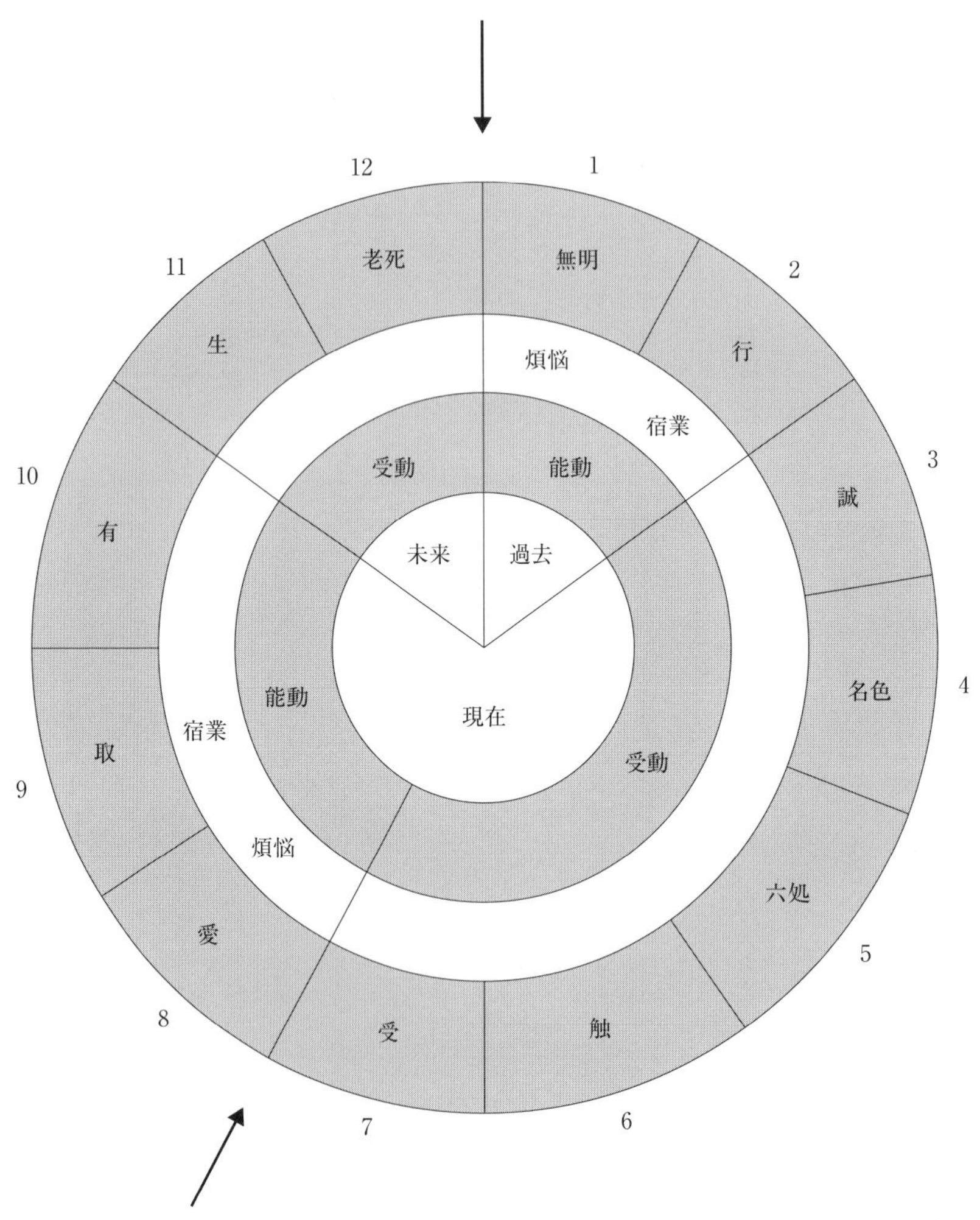

図 5-3　輪廻としての縁起

出典：フランシスコ・ヴァレラ、エヴァン・トンプソン、エレノア・ロッシュ『身体化された心』（工作舎，2001），p. 163

特に日本語で「縁起」や「共依存」という用語を用いる時、そこには自己の外部に広がる無数の他者や物理現象の連関がイメージされるだろう。仏教的な縁起が指し示す範囲を表すイメージとして、密教における重々帝網がある。宮沢賢治も『インドラの網』という幻想譚のなかで独自の描写をしているが、重々帝網とは帝釈天（インドラ）の宮殿にかかっているといわれる網のことであり、網の結節点には周囲を映し出す珠玉が配置されている。無限に広がる重々帝網を構成する一つひとつの珠玉は、包囲環境の全てをその身に映していることから、「相互に関係しないものは存在しない」という因縁生起のメタファーとされている。

このように、日本仏教的な縁起のイメージからいえば、自己と他者の深いレベルでの連関を想起するのはむしろ自然なことだろう。西洋の議論においては、個人主義の影響からか、精神の自律性は所与のものとして扱われる傾向があるが、縁起的なリアリズムでは自己と他者の境界はより曖昧である。文化心理学の研究では、日本を含むアジア諸国や一部の北欧地域では、自らに訪れる幸運を運に拠るものだと捉える「運勢型幸福観」（Luck-based Happiness）が広まっており、幸福は自らの能力によって獲得するものだという西洋社会との対比が成されている（Diener et al., 2018）が、この点も個体の自律性概念の把握に影響を及ぼすだろう。「幸福」が心的システムが維持しようとする平衡状態なのだとすれば、運に委ねたり、認知限界を超えた縁起の作用を信じるということは、心的システムの外部にある環境の作用を信じるということだ。このような認識論では、システムの自律性はシステム単体にだけ認めることはできず、環境との相互作用のなかで捉えられることになる。だから以下では、自律性が相互作用のなかで構成される間主観的な価値であるということを、社会的関係性と絡めて考察したい。

五　自律性の規範の更新

そのためにもまず、あらためてオートポイエーシス理論を振り返ってみよう。細胞の自己創出性を担保する論理である有機構成は、環境の変化に対して閉じている。細胞を物理的に構成する構造物（種々のタンパク質や水素イオンなどの分子）は、膜の内外を出入りするが、自己創出のロジックそのものは環境変化に対して不変である。物質のレベルでは入出力が存在するが、論理のレベルでは閉じている。これが作動的閉鎖系の特徴である。

わたしたちがここで改めて問うのは心的システムについてだ。精神（Mind）という用語に意識的な認知に加え、無意識の情動や知覚の動きも含むとすれば、この二層構造そのものが細胞には存在していないという差異がある。異なる観点から見れば、精神はメタ認知、つまりそれ自体の動きを長期的な時間のなかで観察して、フィードバックを設計する機能も持っている。セカンドオーダー・サイバネティクスの用語を用いれば、神経系を駆使して「システムの挙動を自己言及的に観察するシステム」だということだ。それは細胞の自己調整能力とは異なり、認識論、つまり観察の方法そのものを更新しえるシステムである。認識論は自己同一性の認知と同義ではないが、自己同一性に関する認識論は変化しうるものだ。そして、自己同一性が社会関係という環境的要因と相互作用する縁起的な認識論に沿って考えれば、精神の自己同一性を支える有機構成（ロジック）は、精神の働きがコミュニケーションの形式や言語構造によって変化しうる柔軟性をもっている。細胞のそれと異なり、環境を認知して自分自身を変化させるきっかけを多く生み出せると考えることはできないだろうか。

細胞の構成的閉鎖系が拠って立つ律（norm）は細胞自身の働きによっては変更されえず、それはランダムな環境の変化を俟たなければならない。だが、人間の心的システムの律は志向性を持つ学習行為によって変化しうる。社会的な自律性を考える場合には、生物学的な身体の次元とは別に、心的システムのコミュニケーションの志向性が従う論理をも自ら律する、つまり書き換えるという自由度を考慮しなければならないだろう。

そして、この自律ロジックが書き換えられる過程には、他者や環境との相互作用を通した学習が大きな影響を及ぼすと考えられる。学習の結果として、新たな価値観や認識論が意識と無意識のネットワークから創発し、コミュニケーションと行動の従う規範が変わるのだとすれば、オートポイエーシス的な精神の独我性は担保できない。むしろ、個々の精神は他者や環境との codependent arising、因縁生起のなかで構成されるのだといえる。

六　社会的自律性の失効

ここで、生物学的次元に留まらず、社会的な次元での自律性に注目してみたい。ここでいう社会的自律性とは、社会システム自体の自律性ではなく、社会において生きる個人の適応性のことである。

では、逆に社会的自律性のロジックが崩れるというケースを考えてみよう。植物人間状態の患者や、癲癇発作によって意識を失った人間、もしくは自死を決意した個人の自律性はどのように捉えられるのだろうか？　こうした状況は、たとえ彼ら彼女らの物理的な神経系が自律的に作動し続けていると考えたとしても、社会システムから断絶してしまっているという意味において、いずれも社会的な自律性は失っている、もしくは失おうとしている状態である。

それでは統合失調症や解離性同一性障害（俗に多重人格と呼ばれる）といった精神障害をどのように考えていったらよいだろうか？　これらの症例は、いわゆる健常者の視点から見れば、自己同一性が崩壊しているようにみえる。しかし、それはあくまで社会規範に則った見方であり、別の見方を採れば、精神障害の症状は社会システムとの適応に失敗した結果、別の形で自己を維持しようとする精神の働きと見なすこともできる。ベイトソンがダブルバインド理論を発展させた研究では、統合失調症を患者個人の器質的欠損に帰責せずに、家族との関係性のネットワークの問題として捉えた。ここでは主体の社会的自律性は、他者や社会（環境）との関係性のなかで生じるものとして考えられる。

わたしたち個々人が社会のなかで自律性を獲得することとは、固有の認識論を育てることと表現できる。世界の見方のなかに、他者や社会との関係性の取り結び方のパターンが生まれる。認識論は環境や他者との相互作用を通して変容する。優れた書物や芸術と触れ合うたびに、または良質な会話や議論を通して、わたしたちの世界の捉え方は少しずつ、時にラディカルに更新される。もしくは数年、ときには数十年に及ぶ熟考を通して、知らず知らずのうちに感覚や認識が変化するということもある。

このような長期的な時間軸のなかで起こる精神の変容について、ヴァレラは十分な考察を展開していない。たとえば、精神の外部との相互作用について、ヴァレラらは「環境との構造的カップリングの歴史」と表現している。しかし、エナクティビズムの研究射程はあくまで認知作用の極短い時間フレームのなかに留まっている。精神疾患の事例における社会的自律性の喪失は、他者との数年や数十年にわたる認知的な構造的カップリングの歴史の結果と捉えることもできるだろう。

つまり、社会的自律性は、日常的な認知現象における他者と自己の心的システム（精神）の構造的カップリングによって生じたり喪われたりする。細胞においても、ウィルス感染などによって免疫不全が起こり、壊死が引き起こされる場合があるが、これも環境との構造的カップリングによって有機構成が崩れ、自律性が喪われる現象である。

表5-1　ヴァレラによる他律・自律システムの比較（Varela, 1988から筆者が再作成した）

	他律システム（フォン・ノイマン型）	自律システム（ウィーナー型）
接続の原理	マッチング（同一性）	適応（整合性）
構成の原理	入力／出力、写像関数	作動的閉鎖系、システム固有の挙動
相互作用の原理	指示と表象で定義された世界	意味が創発する世界

七　社会的自律性の生まれる場

それでは逆に高い社会的自律性を備えた心的システムはどのように定義できるのだろうか。そのことを考える上でヒントとなるのは、エナクティビズムが、計算機的な世界表象の認識論に抗うかたちで発展したという背景である。エナクティブ・アプローチは、生命を線形的な入出力の因果に還元することなく、主体同士の相互作用のなかで価値や情報が非線形に生じる過程を記述しようとする。このようなヴァレラの認識をよく表しているのが表5-1である。

近代社会で支配的になっているフォン・ノイマン型計算機アーキテクチャの認識論では、社会システムに属する主体は「指示と表象」によって駆動する他律的な存在である。他方で、サイバネティクスの創始者であるウィーナーの名前を冠するパラダイムでは、主体同士の適応的な相互作用の結果、その時々に予測不能な意味や情報が創発する。(1)この分類は、ベイトソンによるユング心理学の援用であるクレアトゥラ（有機的に生起する生命世界）とプレローマ（無機質な力と衝撃の世界）の区別とも通底している（Bateson, 1972）。

この表のなかでは、自律システムの「構成の原理」に作動的閉鎖系が入れられているが、これは後のエナクティブ・アプローチにおける感覚運動の構造的カップリングによって世界が立ち上がるというビジョンが準備されている顕れと見られる。自律システムの世界では、意味は事前に定められておらず、相互作用を通して創発される。社会的自律性とは、意味（価値）を決定するロジックを自ら作り出し、それをもって他者や環境と相互作用を続けられる状態だと定義できないだろうか。他律システムの世界では、意味（価値）を判断するロジックは外在化されており、どの他律システムが判断しても同じ結果を生む。

それではなぜ人間は人間を他律システム化しようとするのだろうかとも問わねばならないだろう。ウィーナーは「人間の人間的利用」という議論のなかで、人工知能のような計算機が人間社会を支配するシナリオを生み出すのは、人間が他者を機械的に扱おうとする動機が存在するからだと書いている（Wiener, 1950）。これは社会的規範、そして倫理の射程だが、これまで社会システムが宗教や王政といった、少数の人間に大多数の構成員が意思決定を委ねてきた歴史も振り返らなければならないだろう。たとえば社会の複雑化が神という宗教的概念の創発につながったという研究（Whitehouse, 2019）は、共同体の統治のために他者を他律化するというシステム論的な要請を示唆している。また、計算機的な表象パラダイムが支配的になった経緯についても、同様にシステム論的な必然性の観点から考察しなければ、社会問題との本質的な接続はできないだろう。

八　おわりに

他者と依存し合いながら生起する縁起的な社会的自律性の認識は、多様な個体が自由に相互作用を繰り返しながら、固有の挙動が生じることが許される社会システムのモデルを必要とする。わたしたちが力と衝撃（プレローマ）ではなく、生命的な共進化（クレアトゥラ）の社会モデルへと進められるかどうかは、社会的自律性のモデル化にかかっているといえよう。そのためには今一度、近代的な強すぎる個人観を前提として社会的な相互作用（コミュニケーション）を考えることを見直さなければならない。すなわち、特権的で理性的な主体の集合として社会を捉えることをやめて、もっと柔らかい境界によって個々人をつなげる社会的自律性をもとにして観察しなくてはならない。

ここから先は、複数のモナド的な個体同士の対話（dialogue）ではなく、異なる主体同士が協働してコミュニケーション内容を生成する共話（川田、1999：水谷、1993）や、文化によって近接性の認識が異なる共在感覚（木村、2003）など、コミュニケーションを設計可能な対象として捉え、自己同一性や自律性が相互作用のなかで協調的に生成される次元について考察したいが、別の機会に譲ることにして本章を一旦閉じることにする。

［参考文献］

Varela, F. J., Maturana, H. R., and Uribe, R., "Autopoiesis: The organization of living systems, its characterization and a model", *BioSystems*, 5, 1974, 187–196.

Varela, F., *Principles of Biological Autonomy*, New York: Elsevier North-Holland, Inc. 1979.

Varela, F., *Autonomie et Connaissance: Essai sur le Vivant*, Paris, FR: Editions du Seuil, 1988, 222.

Francisco J. Varela, Eleanor Rosch, Evan Thompson, *The Embodied Mind: Cognitive Science and Human Experience*, MIT Press, 1991, 110.

Tracy Brown, In *Cybernetics & Human Knowing*, 2004, 89.

Fransico J. Varela, "The Specious Present: A Neurophenomenology of Time Consciousness", in *Naturalizing Phenomenology: Issues in Contemporary Phenomenology and Cognitive Science*, University Press, Stanford, 1999, Chapter 9,

（1）このフォン・ノイマン型とウィーナー型の区分については、本書七三頁でも言及している。

266–329.

Eleanor Rosch, Evan Thompson, Francisco Varela, *L' inscription corporelle de l'esprit*, Seuil, 1999, 275–276.

Barandiaran, Xabier E., "Autonomy and Enactivism: Towards a Theory of Sensorimotor Autonomous Agency", *Topoi* 36(3): 409–430.

Harvey Whitehouse, Pieter François, Patrick E. Savage, Thomas E. Currie, Kevin C. Feeney, Enrico Cioni, Rosalind Purcell, Robert M. Ross, Jennifer Larson, John Baines, Barend ter Haar, Alan Covey & Peter Turchin, Complex societies precede moralizing gods throughout world history, *Nature* vol. 568, 2019, 226–229. https://doi.org/10.1038/s41586-019-1043-4

Keisuke Suzuki and Takashi Ikegami, *Self-repairing and Mobility of a Simple Cell, Artificial Life*, MIT press, 2018, 421–426.

Diener, Ed & Oishi, Shigehiro & Tay, Louis, "Advances in subjective well-being research", *Nature Human Behaviour*, 2018, 10.1038/s41562-018-0307-6.

Maturana, H. R., and Guiloff, G., "The quest for the intelligence of intelligence", *J. Soc. Bioi.* Struct. 3, 1980, 135–148.

G. Bateson, *Steps to an Ecology of Mind*, Chicago University Press.

Norbert Wiener, *The Human Use of Human Beings: Cybernetics and Society*, Oxford, England: Houghton Mifflin, 1950.

水谷信子「『共話』から『対話』へ」『日本語学』12巻4号、明治書院、一九九三年、四-一〇頁

川田順造『口頭伝承論』河出書房新社、一九九二年

木村大治『共在感覚：アフリカの二つの社会における言語的相互行為から』京都大学学術出版会、二〇〇三年

第六章　組織構成員の自律的思考とＡＩをめぐる実証的分析

辻本篤

一　組織論における伝統的「自律性概念」（バーナード理論）との違い

組織論における「自律性概念」を議論する際、チェスター・バーナードの組織理論を見過ごすことはできない。バーナードは経営管理のあり方を徹底的に議論した実務家でありながら、その研究は学問分野に対して多大な貢献を行い、その手法は組織理論のなかでは古典中の古典として位置づけられている。

彼の組織理論のキモは、端的にいえば、組織が直面するさまざまな状況において、組織を構成する個人を、〈自由意志〉を持つ個人として見る割合を大きくしたほうがよいのか、組織を協調的に機能させるための機能的側面の存在として見る割合を大きくしたほうがよいのか、組織を管理する立場の人間は、これらに細心の注意を払う事が重要であるとしていることである（Barnard, 1968）。

彼は「組織構成員には〈自由意志〉があり…」とか「自律的個人が…」といった表現をたびたび使用するが、「その意思を厳密に尊重しなければならない」とは明言していないところに気をつけなければならない。「その存在は看過できない」もしくは「そういう存在が認められる」くらいの認識であり、彼はあくまでも、組織を管理する立場の人間から組織構成員を見るための方法論を提出しているにすぎない。論者によっては、バーナードが定義する「インフォーマル組織」（個人の〈自由意志〉が強調される組織の内部ネットワーク）を「個人の尊厳を守る方法でもあり、…（著者・中略）…なぜなら個人的選択ができ、決定にあたってフォーマル組織（個人を機能的側面としての存在として見る（著者補足））の非人格的目的に圧倒されないで済む領域を個人に残すことによって、個人のパーソナリティが守られ、彼がフォーマル組織に対して積極的に効果的貢献を続ける可能性も増大するからである」（Puh & Hikson, 2000: 訳書 109）として、バーナードが、組織構成員の尊厳にいかに光を当てていくか検討を巡らせていたかの様に分析しているが、この論点にはいささか懐疑的にならざるをえない。

すなわちピューとヒクソン（2003＝2000）は、バーナードの代表的な著作である"*THE FUNCTIONS OF THE EXECUTIVE*"のなかで、バーナードが上述したような組織構成員中心主義的観点を提出している様に述べている（Puh & Hikson 2000：訳書 109）けれども、この著作のなかでバーナードは、実際には組織構成員を冷ややかにみていることに注意しなければならない。「個人の選択力やその意味を過大視することは、ある場合にはたんに誤解の原因となるのみでなく、まちがったむだな努力の原因ともなるということも、この際付言しておきたい。個人が選択力をもつ―私のみるところ、ありもしないのに―という仮定にもとづいて、行為がなされることがよくある…（著者中略）…自由意思について正しい認識をもたないことが、管理活動の失敗の重要な原因である」（Barnard, 1968＝2013: 15）と嘆息していることからも推測できる様に、バーナードは、「組織構成員というのは組織にとっての機能的側面を持つだけではなく、自由意志を持っている存在でもある」として、あくまでも組織の管理者としての視線を強調していると考えられる。「協働を二人以上の人々の活動の機能的体系と考える場合には、人間の機能的もしくは過程的側面が関連する。人間を協働的な機能もしくは過程の対象と考える場合には、第二の側面、すなわち、個人化の側面を考えるのがよい」（Barnard, 1968＝2013: 15）としているし、さらには「そこでわれわれの目的にとって必要なことは、いかなる条件のもとで、いかなる関連において、またいかなる目的にとって、この二つの立場（組織構成員の組織における「機能的側面」と「個人化的側面」（筆者補足））

のいずれかが有効に用いられるかを述べることであり、いかにして双方が同時に適応可能なものと考えられるかを示すことである」（Barnard, 1968 = 2013: 15）とも述べている。組織構成員の「個人化的側面」に肩入れしている訳ではないのである。あくまで管理者視線を重要視し、「管理者の機能は、具体的行動において矛盾する諸力の統合を推進し、対立する諸力、本能、利害、条件、立場、理想を調整することである」（Barnard, 1968 = 2013: 15）（「傍点」は著者による）として、管理者からの視線を徹底的に重要視している。

しかしながら基礎情報学は、その発想の起点は、組織構成員の意思の構成〈自由意志〉が基盤〉が先にありきで、それに対して組織的な諸制約をかけるが、それは必要最小限であることが望ましいとしている。

基礎情報学の自律性概念が、バーナードの組織理論がもつそれと決定的に異なるのは、組織運営の基軸を、可能な限り「組織構成員の目線」から始めることにある。「自己観察・自己記述」を行うということは、組織構成員の目線で思考をめぐらせているのであり、その意味で「自律的」なのである。バーナードは組織構成員の自律性を最大限尊重しつつあるが、組織運営の基軸は、「管理者の目線」に置いている。この点はあらためて啓蒙的に示されなければならないと考えられる。

二　組織構成員が「自律的」である状態とは？

本章では、組織を構成する個人が、ＡＩと、どのように関われば「自律的」思考が生まれて来るのかを検証する。この論点は、まだ実務的・学問的検討がそれほどなされていないゆえ、この章で検討していきたい。ここでは、「二次観察主体」（組織構成員）を「自己観察・自己記述」する「二次観察主体」を想定する。二次観察主体は行為する主体が自分自身の思考や行為を自己観察する観点に立っていることを意味する。

ここで問題意識の焦点となるのは、個人が「意識していない状況」をいかにその個人が発見するか、ということであり、実務的なレベルで述べれば、本来自身の職務や職責に関わる事柄に関して、いかに個人の「気づき」を促すか、ということが重要になる。

一般に、心は意識と無意識という二つの領域から成る。心が自らを観察するとき、心は「自己観察」している。心の構成素である「思考」は観察者により「構造」として立ち現われ、記述される。無意識とは、心のなかで、自己観察／自己記述の対象とならない領域のことである（西垣、2004: 90–91）。行為する自己は、自分が意識しない（意識できない）自己をも含む。自分自身というものを総括的に考えれば、この世界における自身の行為を完全に自己観察／自己記述することは不可能である。

普段自己観察／自己記述できないことは、実は重要な意味をもっていることが多い。というのも実務分野における現実は、「自分は、本来見えてなければならない何が見えていないか（認知していないか）」（何と「構造的カップリング」していないか）に気づくことが求められるからである。つまり、「自己観察・自己記述」する領域を拡張することが、かなりシビアに求められるからである。

そもそも、組織構成員の「自律性」とは何であろうか。当該組織構成員が所属する場所に固有の、「拘束・制約」要因がある。その「制約条件下における自由な意思決定が保証されている状態」があれば、組織構成員の「自律性」は担保されているといえるであろう。AIとの協調労働で、比較的自由な意思決定が下せるようになっていると感じる（自己観察・自己記述する）と、当該組織構成員は自律的に思考し、意思決定を行えていると考えられる。

基礎情報学でいう「〝人間＝機械〟複合系」の、社会的な階層的自律コミュニケーションシステム（HACS）における機械情報の「処理／編成」の検討が必要である。「メディアはコンピュータを活用し、継続発生するコミユニケーションによりシステムの活性度を増すように設計されなくてはならない」（西垣、2008: 57）。「組織における意味ベースの追加更新処理あるいは、情報の創出プロセスの一端をコンピュータなどのＩＴ機器で代替するか否か」（西垣、2008: 115）を考え、いかに「〝人間＝機械〟複合系」を組み立てるかが、これからの社会では大きな意味をもってくる。「コンピュータが新たな人工的環境を作り上げることができれば、そこでヒトは新鮮な感覚的刺激を受け、従来と異なる思考や感情を生み出す可能性が広がる。つまり、思考自体はヒトが行い、ヒトの周囲状況（環境）をコンピュータが作り出すという役割分担」（西垣、2008: 166）が、いまビジネスの現場で、ＡＩと人間との関係で成立しつつあるように考えられる。

「自分は、何が見えていないか」をＡＩのデータ処理結果を参照することによって、人間が「気づく」機会が創出され、新たな思考が生まれれば、組織構成員は「自律的に思考できている」と考えるのではないか。また新鮮な感覚的刺激を受け、従来と異なる思考や感情を生み出す可能性が広がるのではないか。上述した状況が組織的に実現している場合、ＡＩが「基礎的な情報提供」を行い、ＡＩに関わる組織構成員が「創発的思考」を生んでいる状況が想定できるのではないか。この創発的思考が自律的思考（≒働き甲斐）につながっていくのではないかとも考えられる。序章でも指摘されている様に、個人が自律性を保つということは、心理的／身体的健全性へつながる。

ＡＩが「基礎的な情報提供」を行い、ＡＩに関わる組織構成員が「創発的思考」を生んでいる状況は、基礎情報学が定義する「タイプⅢアプリケーション」（有機的機械）の実現であり、「組織における意味ベースの追加更新処理あるいは、情報の創出プロセスの一端をコンピュータなどのＩＴ機器で代替するか否か」（西垣、2008: 115）、いわば「〝人間＝機械〟複合系」をどう考えるかという問いにつながると考えられるのである。

三　ＡＩの導入状況とＡＩに対する意識

（株）ジャストシステムの調査によると、二〇一八年四月時点では、ＡＩの信頼度（予測等の的中率）は約六〇％でありとされ、日本のＡＩ導入率は二％程度である。[1] 実感的にもそのくらいであろう。筆者は、ＡＩの職場に対しての導入効果を測定しようとしてＡＩの導入実績を問うた際、二万人のサンプルに対して、該当サンプルは約四〇〇件であった。特に後に触れる「予測（需要予測、価格予測など）」の機能を有したシステムを導入している企業は多く、このシステムをベースにして、他のＡＩシステムを合わせて走らせている場合が多かった。実態としては、ＡＩに対して技術的な期待は大きくなってきているが、導入段階に至っている企業は、まださほど多くないことが、本章執筆のために実施した調査のスクリーニング作業から判明した。

二〇一九年三月現在、ＡＩは産業分野・経営分野では、おもに「識別（音声認識や画像認識など）」、「予測（需要予測、価格予測など）」、「データマイニング」、「実行（表現生成やデザインなど）」といった機能が応用されている。これらの機能は、すでに実用的なレベルまでに達しており、その有効性が指摘され始めている。また、「ディープラーニングの登場により利活用の範囲はさらに広がる可能性が示唆されている中で、ＡＩのさらなる進展が雇用に与える影響についての研究等が話題となっている」（総務省、2016: 242）とも指摘されている。また、近年労働現場で発想されている「人間とＡＩによる協働作業」に関しても、興味深い指摘がされている。「ＡＩと人間の相互の信頼関係のもとでシステムそのものが自律性を持つ点がこれまでの技術革新との違いになる」（総務省、2016: 243）という意見もある。ここで注意しなければならないのは、この意見のなかにおける「自律性」（autonomy）という概念である。一般社会の中では、ＡＩに代表される高度にプログラミングを施されたアロポイエティック・システムは、驚くべき高度な作動の様子から、あたかもその物自体が「自律的」に考えて、目的に対して最適解を提出するような印象を与えるが、これは間違いである。いくら高度な機械であっても、作動情報のインプット、システム内部における情報処理のアルゴリズム設定、アウトプット設定、これらはすべて人間が行わなければならない作業である。したがって、いくら高度な作動を実現している機械でも、本書でいうラディカル・オートノミーは有していない。ＡＩを導入して新規事業や新規業務などが発生し、労働量が増えることへの嫌悪感はそれほどない（総務省、2016: 243）。ＡＩとの共創的コミュニケーション（〝人間＝機械〟複合系）を実現した上での創造性（自律性の発揮）が求められている。

ＡＩは、現時点で多くの場合、人材不足が問題となっているサービス業を中心とした「お客様に近い場所」での活躍が目立つ。「お客様応対」など、いわゆる簡単な事務作業を、人間に代わって行うのである。これはわかりやすいアロポイエティック・システムの例であり、人間によってプログラミングされたシステムといえよう。たとえば、店舗での対面的コミュニケーションの事例がある。これは、定型的対話に限定されたもので、「ペッパー」が有名である。また、企業や地方公共団体のホームページの中で機能する「Q＆Aコーナー」システム（チャットロボット）もこの部類である。質問をすると自動で回答する。

組織内部で使われている定型的な情報処理／自然言語処理の実状を見ていこう[2]。東京海上日動火災保険（株）では、ＡＩの画像認識機能を使って、年間約一七〇万件という膨大な手書き書類を識別している。また、二〇一

（1）　ジャストシステム・マーケティングリサーチキャンプ「ＡＩ（人工知能）サービス導入時のメリット・デメリットを徹底解説！　成果を出すために必要なこととは？.」（https://marketing-rc.com/article/20180420.html 二〇一八年四月二六日参照）

七年から新卒採用の第一次選考、エントリーシート（ES）の評価にAIを導入している。IBMのプラットフォームWatsonの自然言語処理機能を使い合否判定をおこなっている。日本航空（株）ではWatsonが、ホームページで客の対応を行っている。これは定型的対話システムである。AIを使った専用チャットボットサイトを開設し、Watsonの自然言語処理機能で質問に答え、性格分析機能でSNSの投稿内容から性格を診断したり、お気に入り写真を画像認識してオススメのスポットを紹介したりしているという。さらに組織構成員の意思決定を支援するものとして有名なのは、ABEJA INSIGHTというAIシステムである。「ベテランの経験に頼った店作りから脱却するため」という趣旨がこのシステムの強みである。店内に設置したカメラの映像を画像解析し、来店者の性別や年齢などの属性と、店内での行動を見える化する。通行者の来店率、来店者が初めてか、リピート客か、店内の周遊状況、買上率などがわかるということだ。（株）石井スポーツにはこのシステムが導入されているという。

マーケティング分野では、ホテルの宿泊価格を設定するために、「空」というAIの予測システムが導入されているという。小規模な組織でホテル運営しているところから注文が多く、意思決定が早くなったという。

このようにAIを導入する理由の多くは経営における「省力化・効率化」という目的が多い。日本の政府統計によると、AIの導入によって「既存の労働力を省力化する役割・機能」が最も高くなり四一・〇％で、次いで「不足している労働力を補完する役割・機能」、および「既存の業務効率・生産性を高める役割・機能」が三五・〇％と報告されている。この報告書は、「日本ではAIを労働力の手助けに対応したものと理解される傾向が強い」と述べられており、「他方、米国の就労者の場合では「既存の業務効率・生産性を高める役割・機能」が四八・六％と最も高く、AIを業務改革の担い手に対応したものと理解される傾向にある」とも述べられている。日本においても米国においても、AIが発揮する機能への期待が大きい。端的にいえば共通する目的は、「省力化・効率化」である。ここにおけるAIは、あくまでもインプット・アウトプットシステムとしてのアロポイエティック・システムとしての存在を超えるものではないといえよう。

省力化・効率化以外の目的では価格予測を行うためにAIが使用されている。たとえばタクシーを呼ぶアプリケーションがある。これは「タクシーが多いときは価格が低くなり、少ないときは価格が高くなる」というもので、AIが需給計算を行う。

ここで、AI導入に対する労働者の意識を見ていこう。図6-1は、「もし自分の職場にAIが導入される場合、それは好ましいか否か」を問う質問である（総務省、2016: 246）。

日本の労働者は、「好ましい」（六・二%）、「どちらかというと好ましい」（二九・五%）が合計三五・七%で、AIの導入を前向きに評価している数はそれほど多くはない。また「どちらにもあてはまらない」は四七・〇%にも上り、AI導入がもたらす効果やその効果に対する印象に対しては現実的なものとして実感できないという状況が多いことがうかがえる。

一方、米国の労働者は、「好ましい」（七・二%）、「どちらかというと好ましい」（三三・六%）が合計四〇・八%となり、日本の労働者の数値（三五・七%）より若干高い。ところが、米国の労働者の場合は、「どちらかというと好ましくない」（二六・四%）、「好ましくない」（九・〇%）の合計が三五・四%に上る。これは、日本の場合（合計値：一七・三%）の倍以上の数値である。米国の労働者は、AIが職場に導入される仮定に対しては、

（2）ジャストシステム・マーケティングリサーチキャンプ「AI（人工知能）サービス導入時のメリット・デメリットを徹底解説！　成果を出すために必要なこととは?」（https://marketing-rc.com/article/20180420.html 二〇一八年四月二六日参照）

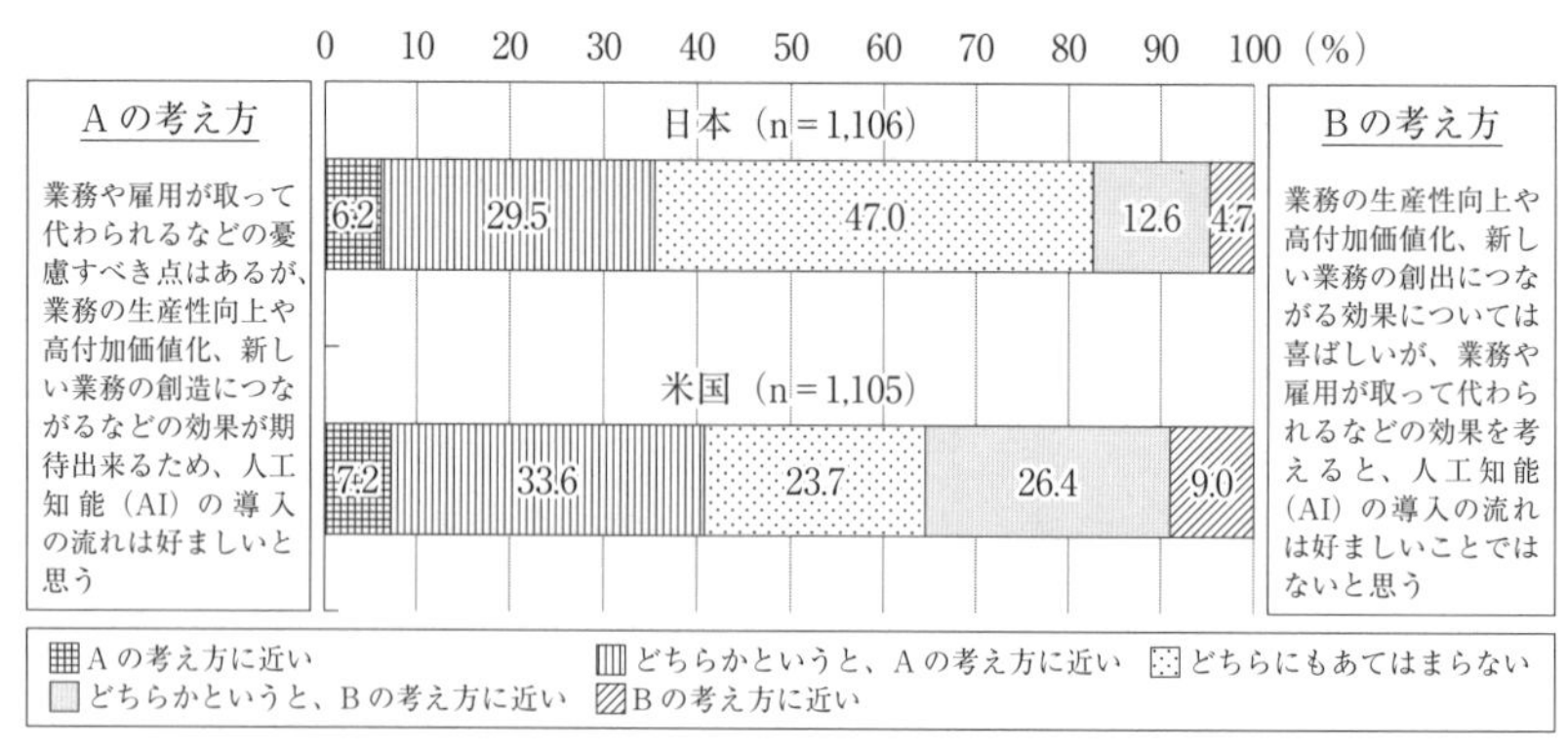

図6-1　自分の職場への人工知能（AI）導入についての賛否
出典：総務省編『情報通信白書〈平成28年版〉』日経印刷、2016年、246頁、図表4-3-3-3より

ポジティブな意識とネガティブな意識とに大きく分かれていると理解できよう。次に、AI導入で想定される労働環境の変化についてみていこう。

図6-2は、職場にAIが導入された場合の労働環境の変化が想定されたものである（総務省、2016: 248）。

興味深いのは、「人工知能（AI）の業務効率・生産性向上効果により、人工知能（AI）が導入される職種のタスク量は減少する。一方、人工知能（AI）の新規業務・事業創出効果としては「人工知能（AI）を導入・普及させるために必要な仕事」や「人工知能（AI）を活用した新しい仕事」が創出され」る（総務省、2016: 247）と指摘されている点である。AIを、ただ単に「省力化・効率化」という目的を達成するための機会として認識しているのではなく、「AIを活用した新しい仕事」までもが想定されている。これは人間と機械の協働（collaborative work of human & machine）や、それにともなう「働き手における創造的思考の促進」をイメージしたものであろう。「人工知能（AI）と一緒に働く人」といった想定（総務省、2016: 248）や、「人工知能（AI）の活用にともなって、人が担うとコストパフォーマンスの低いタスクが人工知能（AI）に代替されると、人はより知

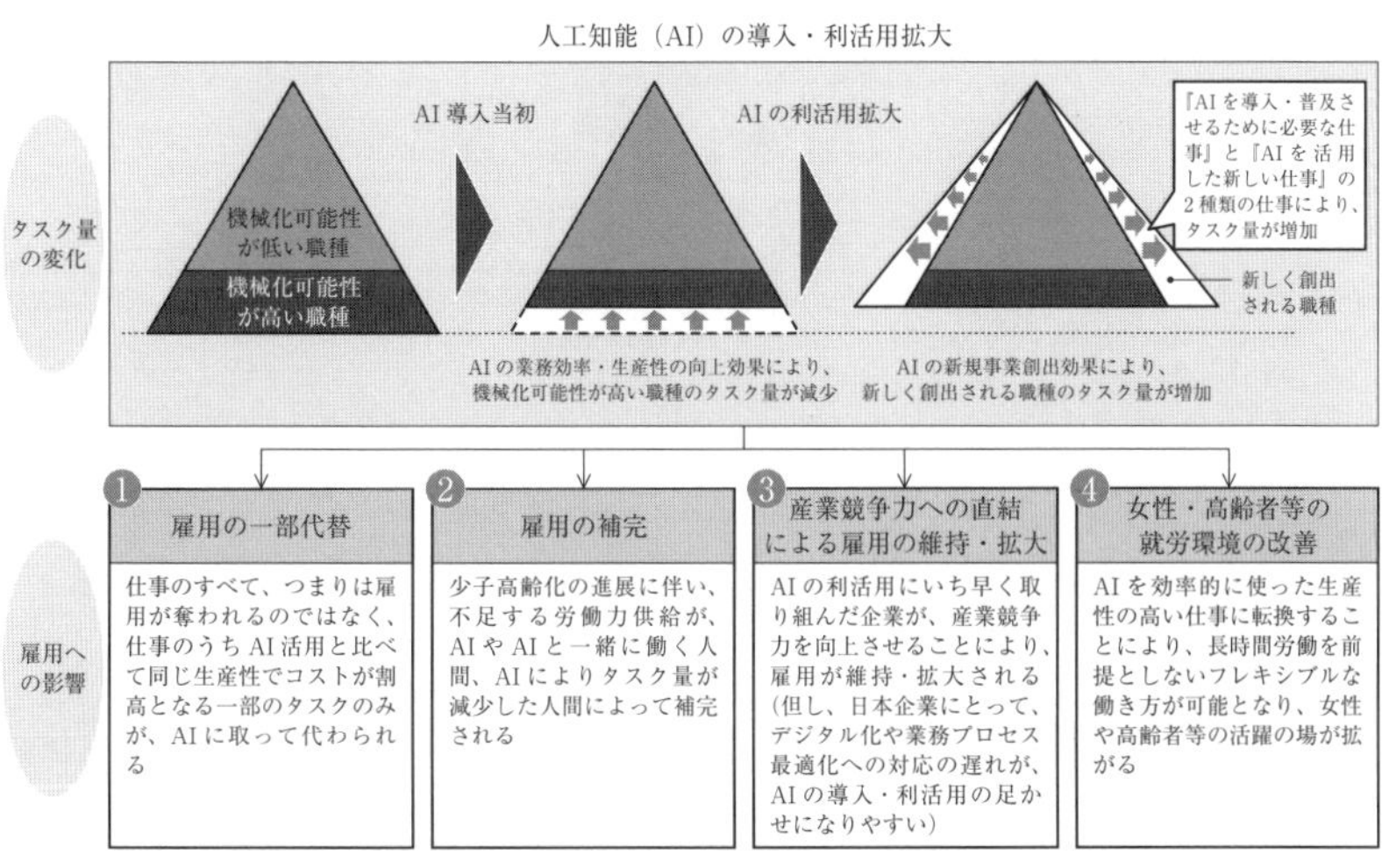

図6-2　人工知能（AI）導入で想定される雇用への影響

出典：総務省編『情報通信白書〈平成28年版〉』日経印刷、2016年、248頁、図表4-3-3-5より

的で創造的なタスクに移行することが可能になる」といった想定として確認できる。

次に、ＡＩが職場に導入された場合、業務範囲への影響と仕事に対する意欲の関係がどの様になるのかをみていこう。図6-3は、「ＡＩが職場に導入された場合の、業務範囲への影響の程度と、それにともなう、仕事に対する意欲の関係」を問うた質問への回答結果である（総務省、2016: 251）。

左側のグラフが、日本労働者の意識、右のグラフが米国労働者の意識である。興味深いのは、「業務範囲が増える」（グラフの上部から、大きく増える、ある程度増える、少し増える、という違いがある）という状況に対しての日本労働者、および米国労働者の意識である。

「業務範囲が大きく増える」という状況に対して、日本労働者も米国労働者も多くの割合が「仕事に対する意欲が大きく湧く」と回答している（日本の場合も、米国の場合の数値としては過半数）。業務範囲が大きく増えるということは、ある程度、自身が抱える業務の範囲が増え、また労働量全体も大きくなると想像できるが、その

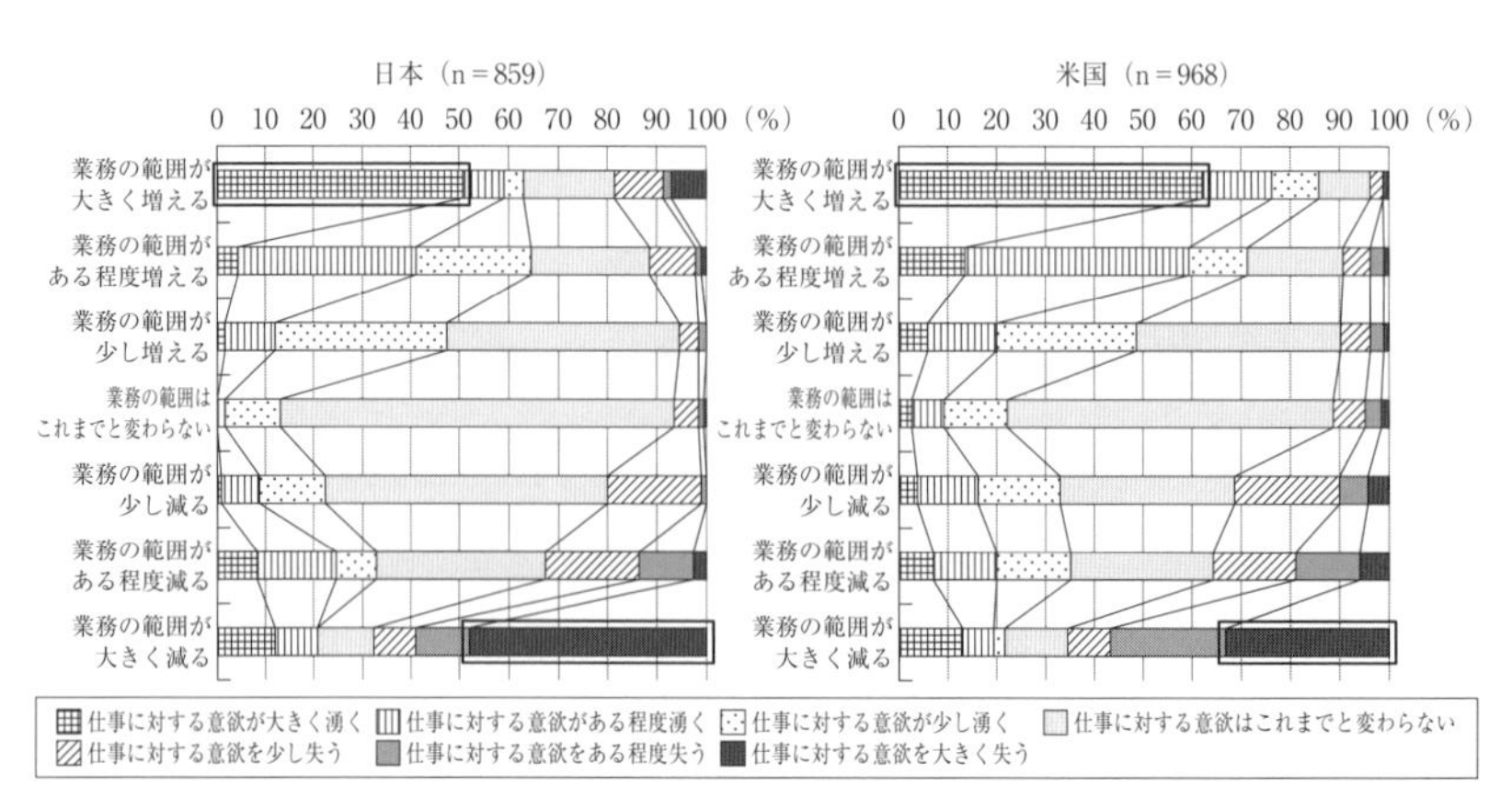

図6-3　職場への人工知能（AI）導入による業務範囲への影響と仕事に対する意欲の関係

出典：総務省編『情報通信白書〈平成28年版〉』日経印刷、2016年、251頁、図表4-3-3-11より

状況にもかかわらず、仕事に対するモティベーションが大きくかきたてられると理解できよう。これはＡＩを導入する目的の一つとして考えられている「業務の省力化」とは逆の状況となる。働き手のこの様な意識はどの様な意味をもつのかは慎重に検討されなければならない。

以下では、ＡＩの職場導入にともない、実際に、組織構成員の思考がどの様に影響を受け、また構成員に対して、さらに組織全体に対してどのような影響を与えたのかを分析・考察する。

四　ＡＩ導入企業における実態調査

ＡＩの職場導入にともない、組織構成員の思考がどの様に影響を受け、その結果、個人や組織に対してどの様な効果が現れたのかを調査した[3]。

本調査は主に、ＡＩを「需要予測」または「マーケティング支援」を行うために利用している、またはその両方に該当する対象者に絞った。「需要予測」または「マーケティング支援」にＡＩを利活用している対象者に絞ったのは、これらの分野における利用が大きな比率を占めたためである。本章では、これらをひとくくりにして、便宜上「マーケティング」分野として、以下にて扱っていく。

本調査は、組織構成員の「自律的思考」を検討する上で、実際にＡＩが職場に導入された状況で、組織構成員の思考がどの様に影響を受け、その結果、個人や組織に対してどの様な効果が現れたのかを大枠で捉えることを目的として、回収データの分析は、単純集計にもとづいて行っていく。これは、分析対象となるサンプルが十分に回収できなかったことや、また分析対象を統合的に扱っていること（「需要予測」「マーケティング支援」を統合的に「マーケティング」として扱っている）がその理由である。以下の分析は、「回収されたサンプル」に関しての記述に留めている。

ＡＩをマーケティングツールとして利用しているのは、組織規模としては「一一～五〇人」が最も多い（二〇・七％、n＝222）。比較的少人数での利用が際立つ。利用者は「男性」が圧倒的に多く（六九・八％、同）、年代別に見ると最も多いのは「三〇～三九歳」で（三八・七％、同）、次いで「四〇～四九歳」（二五・二％、同）であった。地域別に見ると、最も利用が進んでいるのが関東地方であり（五七・二％、同）、次点以降を大きく引き離している（二位：近畿地方（一八・九％、同）、三位：中部地方（九・九％、同））。関東地方の中でも、東京都における利用は圧倒的に多く（三六・〇％、同）、千葉県（七・七％、同）、神奈川県（六・三％、同）と続く。職業としては、事務系の会社員が最も多い（四八・二％、同）。

（3）Fastaskによるインターネット調査。調査期間は二〇一九年三月二五日（月）～三月二六日（火）。有効回答数は二二二件（回収率：七九％。調査票の配信数は二八一件）。ここでいう回収率は回収数が二二二件に到達した時点で回収を終了した際のパーセンテージを意味する。

ＡＩの利用に関して、おもに組織内での利用状況をみていきたい。ＡＩを利用する職位として最も多いのは「主任・班長」クラスであり（二七・五％、同）、次に「課長」クラスが続く（二一・六％）。これは、上述した年代別の利用者上位順（最も多いのは「三〇～三九歳」で（三八・七％、同）、次に「四〇～四九歳」）に比較的一致する。これらの人々は現場の業務状況をつぶさに観察する立場にあり、その状況を俯瞰して分析的に検討して、業務の方向性を適宜修正していく立場の人間がＡＩを利用している場合が多いといえよう。

「ＡＩをどの様な現場で活用しているか」という質問に対しては、「マーケティング」（四六・八％、同）がトップであったが、意外に思われるのは「研究開発」部門においても比較的導入が進んでいることである（一五・八％、同、三位。二位の「営業」（一九・四％）に次ぐ）。たとえば富士通㈱は、ZinraiというＡＩを開発した。このＡＩによって、研究・開発を加速させることをプロモーションしている。このＡＩは「社内文書（研究開発報告書など）を対象に検索キーワードの意味の近さで検索し、関連性の高い文書を探索」[4]、「新規研究テーマ立案時に、過去に重複あるいは類似する研究テーマが存在するかを調査する場合や、トラブル発生時に過去の類似トラブルならびに原因／対処法を調査する場合などの活用」[5]を売りにしている。効率的に過去の研究実績内容を編集・価値づける機能を持っている。もともと手作業に近い作業プロセスを一気に機械化・効率化する手段であるといえよう。

以下では、ＡＩをマーケティングに利用している人（「需要予測」もしくは「マーケティング支援」、またはその両方としてＡＩを利用していると回答した人、すべてn＝142）におけるＡＩの利用をめぐる状況をみていきたい。

ＡＩを導入してからの期間は「一～三年」が最も多く（三六・六％）、「六ヶ月～一年」がそれに続く（二一・八％）。ＡＩの導入からそれほど時間が経っているわけではないことがうかがえる。利用頻度が最も多いのが「一週間に五回以上」（四三・七％）であるが、「一週間に一～二回」の利用が続く（一八・三％）。利用頻度の過多において隔たりが見られる。

図6-4は、AIが提示する情報が組織構成員に与える自律的思考性（業務系）に関する結果である。AIが提示する情報が、構成員が遂行すべき職務に関しての気付きや、より高度な業務への着想を促すか否かを問うている。

AIが提示する情報は「職務上、本来気付くべき性格のものが含まれる」（三五・二％）、「忘れていた重要事項を思い出させてくれる」（三四・五％）については「非常に当てはまる」の回答がもっとも多く、個人が業務上扱わなければならない重要事項への気付きを強く促しているといえよう。またこの状況の中でAIが提示する情報は、より高いステップの仕事を着想する強いキッカケにもなっている。

図6-5は、AIの利用が組織構成員に与える自律的思考性（日常系）に関する結果である。

AIを利用するようになって、「新しい着想が湧きやすくなった」（二七・五％）、「自ら考えることが多くなった」（二八・二％）はともに「非常に当てはまる」が最多である。「物事に対して気付く力が強くなった」と「直感的な思考が身に付いてきていると思う」は、「やや当てはまる」が最多ではあるが、「非常に当てはまる」「かなり当てはまる」「やや当てはまる」といったポジティブ評価は七割強にのぼる。

図6-6は、AI利用による組織構成員の心理的効果に関する結果である。AI利用が働く上での「自信」や「労働意欲」、また「組織への帰属意識」へ結び付いているか否かを問うている。

（4）富士通「AIで研究・開発を変えよう、AI×研究・開発、研究・開発を加速させるために」（https://www.fujitsu.com/jp/solutions/business-technology/ai/ai-zinrai/solutions/research/、二〇一九年六月一七日参照）

（5）同上。

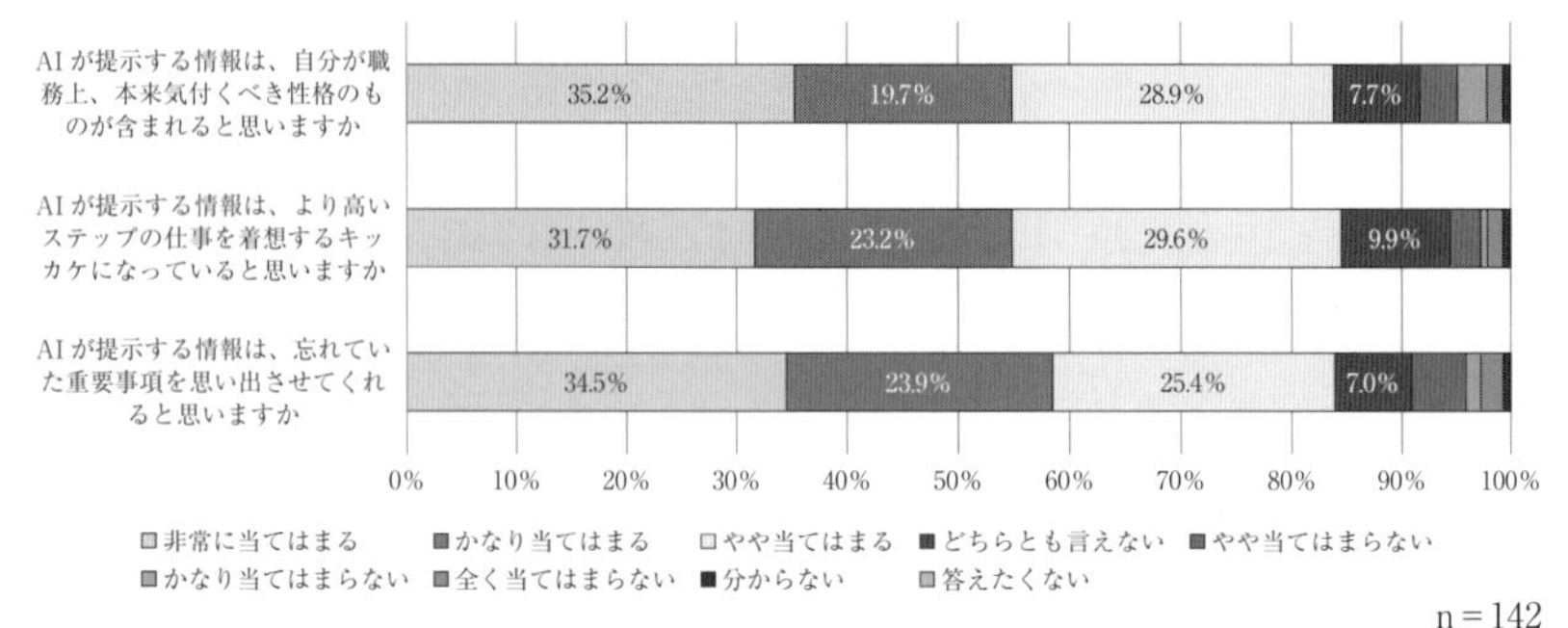

図 6-4　AI が提示する情報が組織構成員に与える自律的思考性（業務系）（筆者実施の調査より）

AI を利用するようになって、新しい着想が湧きやすくなったと思いますか
27.5%
19.0%
26.8%
12.7%
5.6%
AI を利用するようになって、物事に対して気付く力が強くなったと思いますか
25.4%
18.3%
32.4%
11.3%
4.2%
AI を利用するようになって、直感的な思考が身に付いてきていると思いますか
23.9%
22.5%
26.8%
14.8%
6.3%
AI を利用するようになって、自ら考えることが多くなったと思いますか
28.2%
21.8%
17.6%
19.0%
7.0%
0%
10%
20%
30%
40%
50%
60%
70%
80%
90%
100%
非常に当てはまる
かなり当てはまる
やや当てはまる
どちらとも言えない
やや当てはまらない
かなり当てはまらない
全く当てはまらない
分からない
答えたくない
n＝142

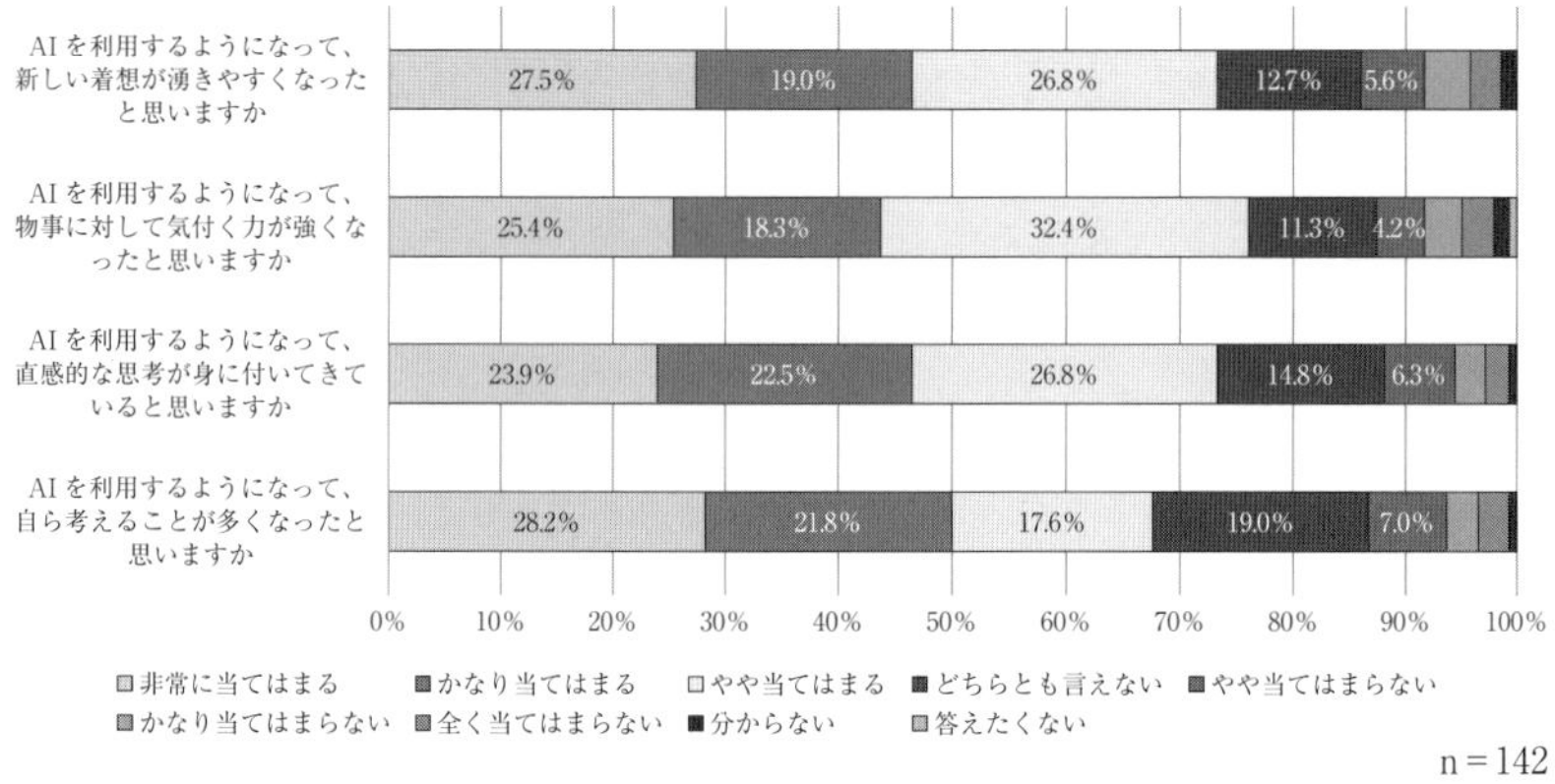

図 6-5　AI の利用が組織構成員に与える自律的思考性（日常系）（筆者実施の調査より）

これらすべての項目において「非常によく当てはまる」と回答している人の比率が相当高い（「自信への結びつき」（二六・一％）、「労働意欲への貢献」（二六・一％）、「組織の帰属意識への貢献」（二六・一％））。「個人の動機づけ」には、内的報酬（「成長」や「やりがい」などの精神的報酬）や外的報酬（「昇給」や「昇進」などの具体的報酬）といった性格が異なる二つの報酬体系がある。これらをどのようなバランスで付与していけば個人の動機づけに効果的に働くかが争点になっているが、ＡＩ利用環境においては既述した「自律的思考」といった個人で自己完結する思考が創発されやすいという結果が出ているので、この要素が内的報酬として働いて動機づけへ結び付いているのではないか。

図6-7はＡＩ利用による、組織構成員の業務への意識変化に関する結果である。おもに、ＡＩの利用が「人間らしい働き方」や「仕事における創造性」に寄与しているか、また個人の「自律性」「内面性」（「自分ひとりで物事を考えることが多くなったかどうか」という質問に対応）、「自己観察・自己記述性」（「自分の職務経験を振り返ることが多くなったかどうか」という質問に対応）、「環境の認知拡大性」（「業務上の課題が明確に理解できるようになったかどうか」という質問に対応）を見ることになる。

ＡＩの利用は「人間らしい働き方」や「仕事における創造性」に大きく寄与している。ともに「非常に当てはまる」という回答が最も多い。「人間らしく創造的に働けるようになったと思いますか」という問いの「自由回答」として「単純な分析作業から解放された」「ルーティーンワークが必要なくなった」「人間だからこそできること、気持ちに寄り添うことを意識して行うようになった」など、機械的かつ単純冗長労働から解放されたという記述が目立つ。個人の「自律性」、「内面性」、「自己観察・自己記述性」、「環境の認知拡大性」に関する質問は、すべて「やや当てはまる」が最も多いが、これらの項目は「非常に当てはまる」「かなり当てはまる」「やや当てはまる」というポジティブに評価している回答の合計が七〇％前後を占める。換言すれば、基礎情報学の

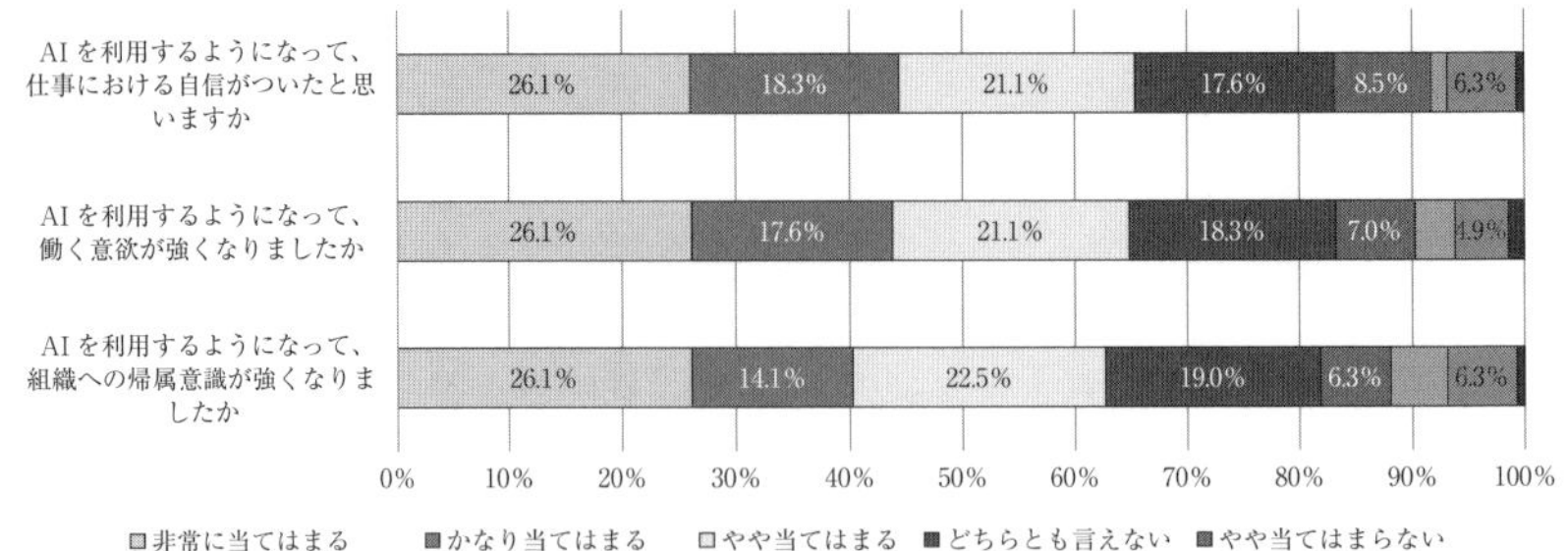

図 6-6　AI 利用による組織構成員の心理的効果
（筆者実施の調査より）

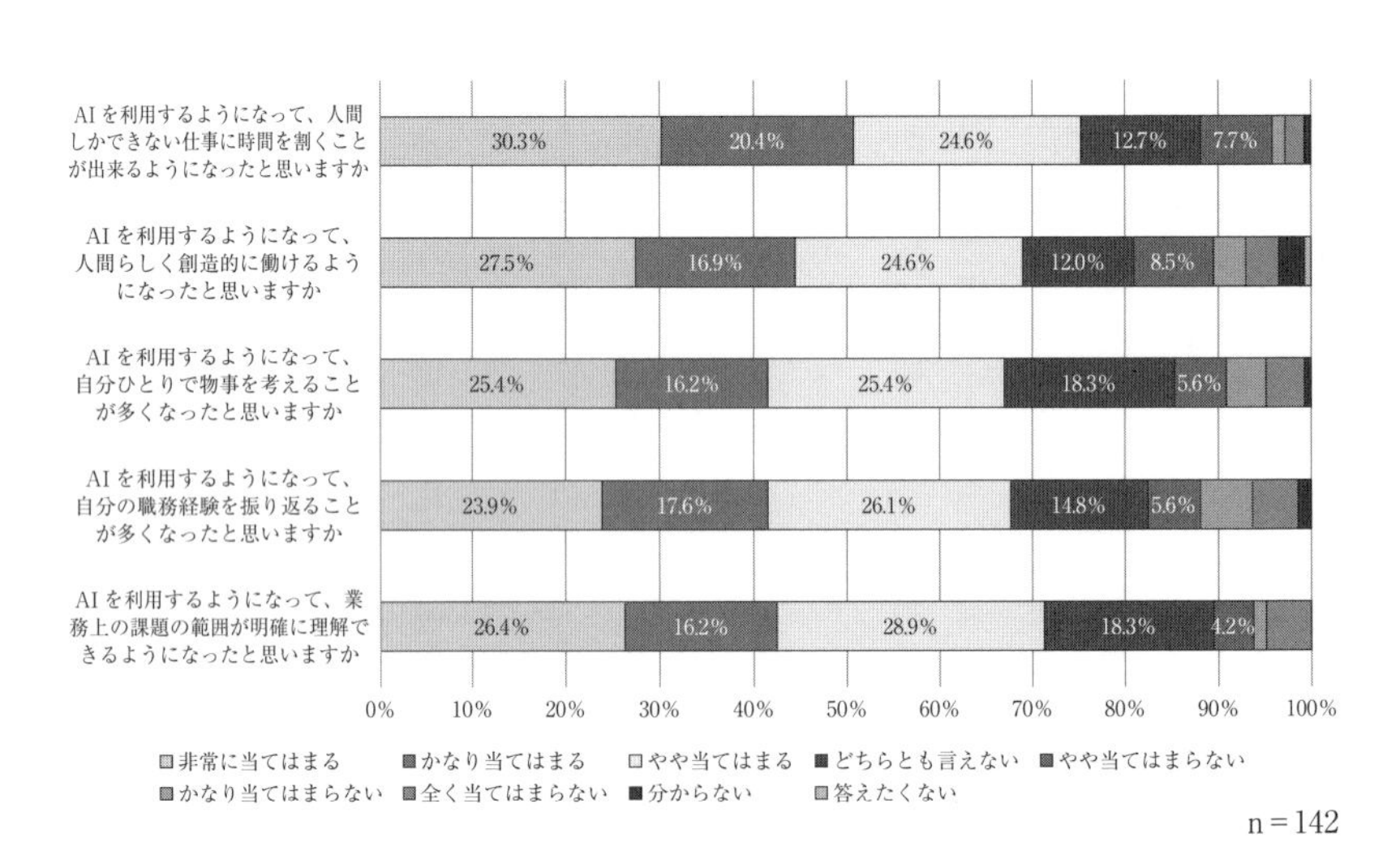

図 6-7　AI 利用による組織構成員の業務への意識変化
（筆者実施の調査より）

HACSモデルが推奨する要件をすべて満たす状況が強いといえる。この要件のもとに、既述したＡＩの利用にかかわるさまざまな効果が創出されているのではないかと考えられる。

ここで、既述したＡＩの利用環境において注意しなければならないのは、そもそも利用者が、ＡＩが提示する情報をどのように捉えているか、ということである（図6-8）。

ＡＩ利用者は、ＡＩが提示する情報を信頼しているといえるが（問「あなたは、ＡＩが提示する情報を信頼していますか」において「非常に当てはまる」「かなり当てはまる」「やや当てはまる」の合計が七八・一％）、一方でその情報に対して「完璧さは求めない」や「必ず裏を取らなければならない」という意識が強く表れていることにも注目すべきであろう。ＡＩが提示する情報に対してはある程度の信頼は寄せつつも、「人間が意思決定を行う上での補助手段」と位置づけている様子がうかがえる。

以上、ＡＩの職場導入にともない、組織構成員の思考がどの様に影響を受け、その結果、個人や組織に対してどの様な効果が現れたのかを検討した。要約すると、下記である。

・ＡＩは主に「マーケティング活動」に利用されていることが多く、その利用者の多くは「主任・班長」クラス（三〇～三九歳）である。
・ＡＩを導入してからの期間は「一～三年」が最も多く、利用頻度が多い（一週間に五回以上）。
・ＡＩが提示する情報は職務上求められる「気づき」を促し、「新しい着想を湧きやすくしている」。さらに「自ら考えること」も促している。「自律的思考」を促進している。
・ＡＩの利用環境は、基礎情報学のHACSモデルが推奨する働きを「強化」している。
・ＡＩの利用環境は、組織構成員の「自信」や「労働意欲」、また「組織への帰属意識」を引き出している。
・ＡＩが提示する情報に対して信頼は寄せつつも、そこに完全性は求めておらず、人間が最終的な意思決定

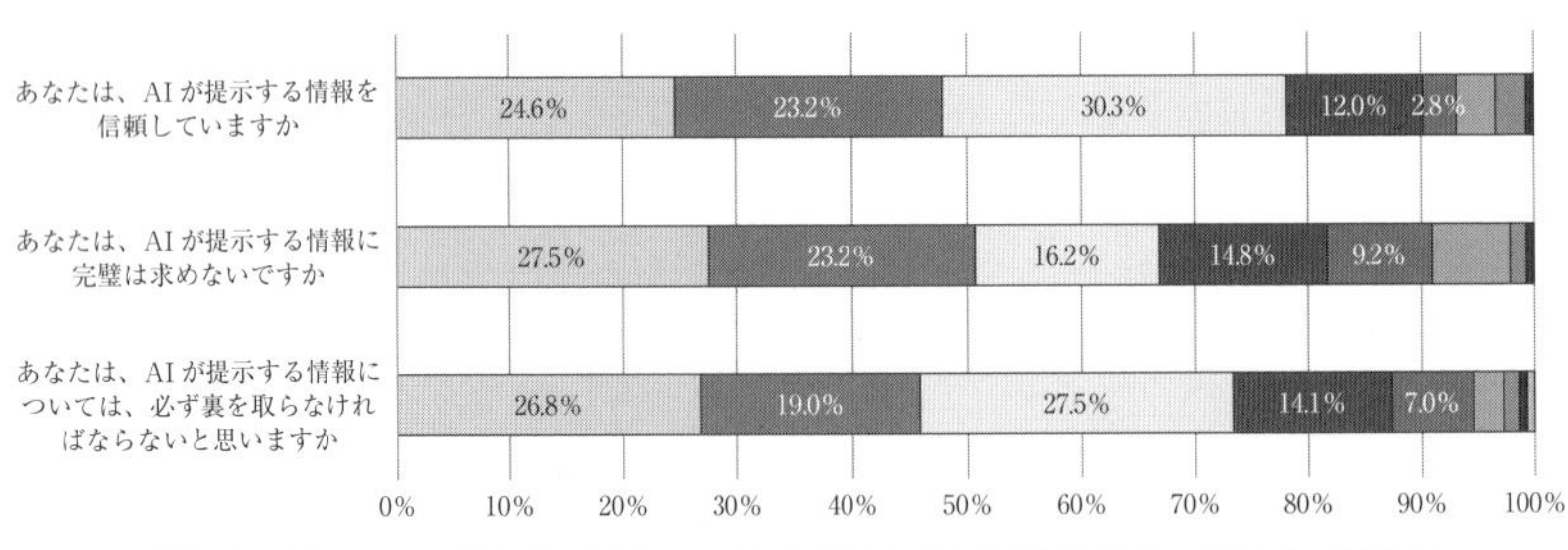

図6-8　AIが提示する情報に対する判断
（筆者実施の調査より）

を行うための補完的機能として捉えている。

五　おわりに

組織におけるＡＩ導入の効果、特に組織構成員がＡＩとどのように関われば、「自律的思考」が生まれて来るのかという問題意識から検証を行った。検証の結果が示すように、ＡＩの利用環境は「気づき」を促し、「新しい着想」を生み、さらに「自ら考えること」も促しており、「自律的思考」を促進しているといえる。またその結果として組織構成員においては、組織活動に寄与するための副次的効果も現れている。ただしＡＩの存在に対しては一定の距離を置きながら慎重な付き合いを進めているようにも受け止められる。あくまで最終的な意思決定を行うのは自分自身である。ＡＩの利用状況においては、基礎情報学のHACSモデルの機能が「強化」されている。

本章では、「一次観察主体」（組織構成員）を「自己観察・自己記述」する「二次観察主体」（セカンド・オーダーの視点）を意識して、「自分は、本来見えてなければならない何が見えていないか（認知していないか）」に気づくことが求められるという、実務世界における現実的な問題に関心を寄せた。個人が「意識していない状況」を、その個人が発見するかというのは、組織の中における個人の実務的な成長において切実な課題である。本来自身の職務や職責に関わる事柄に関して、いかに個人の「自律的思考」を促すか、また発展的に述べれば、いかに基礎情報学のHACSモデルを強化するかともいえるべき環境を整えるかが重要となろう。ＡＩの利用環境は、それらを一定程度整えてくれる存在であるといえるのではないか。

今後、ますますＡＩの技術的精度は高まっていくことだろう。今後、ＡＩに心が宿っているように感じられる擬似自律性（西垣、2018: 39–40）が強調されていくと予想される中で、組織構成員の思考そのものの定義や位置づけが問われてくる。意思決定の重心がＡＩに移り始めた場合、個人における自律的思考を創発する頻度は格段に減少するおそれがある。その場合、個人の思考は多様性を弱めていき一元的思考に近づいていくことになる。本来組織というのはその構成員の多様な思考のネットワークによって形成される非物理的存在である。この様な前提であらためて組織というものを捉え直し、また擬似的自律性を有したＡＩが組織構成員の思考を一元的思考へと誘っていくことも合わせて総合すると、ＡＩの発展は、組織を「縮小再生産」させていく危険性もはらんでいる。

［参考文献］

総務省編『情報通信白書〈平成28年版〉』日経印刷、二〇一六年
独立行政法人情報処理推進機構ＡＩ白書編集委員会編『ＡＩ白書 2019』KADOKAWA、二〇一九年
西垣通「オートポイエーシスにもとづく基礎情報学」思想九五一号、二〇〇三年、五–二二頁
西垣通『基礎情報学』ＮＴＴ出版、二〇〇四年
西垣通『続　基礎情報学』ＮＴＴ出版、二〇〇八年
西垣通『ＡＩ原論：神の支配と人間の自由』講談社、二〇一八年

Barnard, Chester I., *THE FUNCTIONS OF THE EXECUTIVE*, Harvard University Press, 1968. 山本安次郎ほか（訳）『新訳経営者の役割』ダイヤモンド社、二〇一三年
Puh, Derek S. and Hikson, David J., *Great Writers on Organizations The Second Omnibus Edition*, Routledge, 2000. 北野利信（訳）『現代組織学説の偉人たち』有斐閣、二〇〇三年

むすびにかえて

本書が取り組んだのは、いわばＡＩ社会における思想的基盤の構築である。思想なるものが顧みられず、データ科学の重要性ばかりが叫ばれる昨今であるからこそ、また人々の注目を集めるためだけの浮ついた言動が目立っている昨今であるからこそ、あえて原理的な礎を鍛え上げる必要性を感じた。未来社会の土台を作る、これこそＡＩにできないことではないか。土台をなおざりにしては、ＡＩ社会が立ち行かなくなるのではないか。序章で書いたように、さまざまなところで自律性という言葉が使われているにもかかわらず、その言葉が意味している内容はバラバラであった。「個人の尊厳は自律性にある」「いや、機械にも自律性がある」「そもそも人間に自律性はあるのだろうか」などと、いろいろな場で語られている。別々の文脈で語られている言葉をつなぎ合わせ、それらが互いにどのような関係にあるのかを深く議論しなければ、いくら公開ディスカッションを重ねたところで意味はない。バラバラのまま公開討議を重ねるよりも、個別具体的なことを議論するよりも前に、個人の尊厳の源といえる自律性がゆらぎ、機械の自律性が高まっている状況を見据えて、自律性について深く考えてみる必要があるのではないか。そのことにより、人間と機械との違いとつながり、機械の進む方向性が見えてくることが期待される。本書を作ったのは、こうした思いからだった。

いうまでもなく「自律性」は大きな概念であり、本書だけで議論が尽くされたとはとてもいえない。生命システムと心的システムのそれぞれの自律性の関係性については十分に深められなかったし、社会システムそれ自体の自律性については序章で触れただけにとどまった。また、倫理的な議論の手前にある自律性にこだわり続けたため、ここから倫理的議論を行うには関連文献を読んでもらうしかない。加えて道徳的配慮を要する道徳的被行為者の範囲は読者にはおぼろげながらでも感じられるだろうが、道徳的な責任を負う行為者をどのように考えていったらよいかは関連文献を読まないかぎりは見えてこないだろう。機械の自律性を検討する具体的な尺度にも踏み込めなかった。機械的な生命や頭脳は、古くから欲望されてきた。たとえＡＩの第三次ブームが終わっても、また第四次・第五次……とブームが訪れるに違いない。そうしたときにも自律性はきっと議論になると予想される。

本書を刊行するにあたっては、執筆者で集まって編集会議とでもいうべきディスカッションを数十時間以上重ねてきた。執筆者がそれぞれ自律性に関する考えを持ち寄り、発表して議論するスタイルで行った。ディスカッションがあまりにも白熱したため、借りたスペースの時間を超過し、場所を移しても食事しながらずっと議論することもあった。互いに思うところを率直にぶつけ合うことができたと感じる。したがって本書の各章は、もちろんそれぞれの執筆者が責任をもって書いているが、全員でのディスカッションの内容が色濃く反映されたものとなっている。編者と個々の執筆者とのやりとりとは別に、これほど多くの時間にわたり熱量を保って議論した本づくりは、私自身経験のないものであった。

本書の内容を練り上げるディスカッションには、アルゴリズム建築を手がける柄沢祐輔氏にも加わってもらった。時間の関係上、執筆には参加いただけなかったが、建築の枠にとどまらない生きた思想をもっている柄沢氏の発言には大いに助けられた。

最後に、勁草書房の山田政弘氏にも感謝申し上げたい。本が売れず経済的利益を目指した軽い読み物ばかりが好まれるなかで、「長い間、残るものを」「きちんとした学術書を」と何度も言っていただいた。本書がかたちになったのは、氏のおかげである。これからも仕事を一緒にしたいと強く思える編集者だった。

個人的にお世話になった方々への御礼はこれ以上控えるが、本書を手にとってくださった方々に御礼申し上げる。この難しそうな本を手にして真剣に考えようと思っている人がいればいるほど、未来はきっと明るくなる。

二〇一九年秋

編者　河島茂生

AI時代の「自律性」
――未来の礎となる概念を再構築する

2019年10月20日　第1版第1刷発行

編著者　河　島　茂　生

発行者　井　村　寿　人

発行所　株式会社　勁（けい）草（そう）書　房

112-0005 東京都文京区水道2-1-1　振替　00150-2-175253
（編集）電話 03-3815-5277／FAX 03-3814-6968
（営業）電話 03-3814-6861／FAX 03-3814-6854
大日本法令印刷・松岳社

ISBN978-4-326-00047-0　Printed in Japan

http://www.keisoshobo.co.jp

編者・執筆者一覧

■編集・執筆

河島茂生（かわしま　しげお）　序章

青山学院女子短期大学現代教養学科准教授，理化学研究所革新知能統合研究センター客員研究員，青山学院大学シンギュラリティ研究所副所長，上廣倫理財団 AI ロボット倫理研究会プロジェクト委員，AI ネットワーク社会推進会議分科会構成員など。2002 年慶應義塾大学総合政策学部卒業。2004 年東京大学大学院学際情報学府修士課程修了を経て，2010 年同博士後期課程修了。博士（学際情報学）。専門は，社会情報学，メディア論。

主な著書として，『AI 倫理：人工知能は「責任」をとれるのか』（共著，中央公論新社，2019），『AI×クリエイテビティ：情報と生命とテクノロジーと。』（共著，高陵社書店，近刊），『基礎情報学のヴァイアビリティ：ネオ・サイバネティクスによる開放系と閉鎖系の架橋』（共編著，東京大学出版会，2014），『デジタルの際：情報と物質が交わる現在地点』（編著，聖学院大学出版会，2014）などがある。

■執筆

西田洋平（にしだ　ようへい）　第一章

東海大学課程資格教育センター講師。2005 年東京薬科大学大学院生命科学研究科修士課程修了，2007 年東京大学大学院学際情報学府修士課程修了，2012 年同博士課程単位取得退学。東京大学客員研究員，早稲田大学非常勤講師などを経て 2019 年より現職。専門は，基礎情報学，図書館情報学，生命論。

主な著書として，『基礎情報学のヴァイアビリティ：ネオ・サイバネティクスによる開放系と閉鎖系の架橋』（共著，東京大学出版会，2014），『情報資源組織演習』（共著，ミネルヴァ書房，2016）などがある。

原島大輔（はらしま　だいすけ）　第二章

東京大学大学院総合文化研究科特任研究員。2008 年京都大学文学部卒業。2011 年東京大学大学院総合文化研究科修士課程修了を経て，2016 年同博士課程単位取得退学。基礎情報学，表象文化論。

主な著書として『基礎情報学のフロンティア：人工知能は自分の世界を生きられるか？』（共著，東京大学出版会，2018），主な論文として「社会的自律性の活性度と情動」（『社会情報学』第 8 巻 1 号，2019）などがある。

谷口忠大（たにぐち　ただひろ）　第三章

立命館大学情報理工学部教授，パナソニック客員総括主幹技師。2006 年京都大学工学研究科博士課程修了。博士（工学）。2005 年より日本学術振興会特別研究員（DC2），2006 年より同（PD）。2008 年より立命館大学情報理工学部助教，2010 年より同准教授。2015 年より 2016 年まで Imperial College London 客員准教授を経て現職。専門は，創発システム，人工知能，ロボティクス，コミュニティ場のメカニズムデザイン。書評合戦ビブリオバトルの発案者としても知られる。一般社団法人ビブリオバトル協会代表理事。

主な著書として『コミュニケーションするロボットは創れるか：記号創発システムへの構成論的アプローチ』（NTT 出版，2010），『ビブリオバトル：本を知り人を知る書評ゲーム』（文藝春秋，2013），『記号創発ロボティクス：知能のメカニズム入門』（講談社，2014），『イラストで学ぶ人工知能概論』（講談社，2014）などがある。

椋本輔（むくもと　たすく）　第四章

青山学院女子短期大学および鶴見大学非常勤講師。2003 年横浜国立大学教育人間科学部マルチメディア文化課程卒業。2005 年同大学院環境情報学府修士課程修了を経て，2009 年東京大学大学院学際情報学府博士課程単位取得退学。専門は，情報・記号についての基礎理論，情報技術の思想史，情報デザイン。日本記号学会理事。

主な著書として，『手と足と眼と耳：地域と映像アーカイブをめぐる実践と研究』（共著，学文社，2018），『デジタルの際：情報と物質が交わる現在地点』（共著，聖学院大学出版会，2014）がある。

ドミニク・チェン　第五章

博士（学際情報学），早稲田大学文化構想学部准教授。NPO コモンスフィア（クリエイティブ・コモンズ・ジャパン）理事，株式会社ディヴィデュアル共同創業者。2008 年 IPA 未踏 IT 人材育成プログラム・スーパークリエイター認定。2016～2018 年度グッドデザイン賞審査員。XXII La Triennale Milano『Broken Nature』展（2019. 3. 1～9. 1），あいちトリエンナーレ 2019『情の時代』展（2019. 8. 1～10. 1）に作品出展。

主な著書に『電脳のレリギオ：ビッグデータ社会で心をつくる』（NTT 出版，2015），『フリーカルチャーをつくるためのガイドブック：クリエイティブ・コモンズによる創造の循環』（フィルムアート社，2012）等。訳書に『ウェルビーイングの設計論：人がよりよく生きるための情報技術』（BNN 新社，2017）等。

辻本篤（つじもと　あつし）　第六章

北海道大学大学院メディア・コミュニケーション研究院准教授，2006 年東京大学大学院人文社会系研究科博士課程単位取得退学。東京大学大学院情報学環助手，助教，特任研究員，客員研究員を経て 2013 年 4 月より現職。専門は，組織学習論。

主な著書として，『組織学習の理論と実践』（生産性出版，2014），『基礎情報学のヴァイアビリティ：ネオ・サイバネティクスによる開放系と閉鎖系の架橋』（共著，東京大学出版会，2014 年）などがある。

索　引

■カ　行